# MON CAHIER HYPERSENSIBLE

— LUDIVINE CASILLI —

ILLUSTRATIONS
AUDREY BUSSI (INTÉRIEUR)
ET ISABELLE MAROGER ((OUVERTURE)

SOLAR EDITIONS

# Introduction

« Princesse au petit pois » ou « drama queen », vous avez eu droit à tous les surnoms ! À l'école, puis au boulot, en soirée ou dans la rue, vous avez toujours eu l'impression que vos sens étaient plus aiguisés que ceux des autres. On vous a répété 1000 fois que vous n'étiez pas « normale », voire que vous étiez « trop fragile »… et 1000 fois vous l'avez cru ! À force, votre confiance en vous est en berne. Soit « trop », soit « pas assez », vous n'êtes jamais comme il faut ! Depuis l'enfance, vous sentez un certain décalage entre les autres et vous. Pour l'appréhender ou l'atténuer, vous vous épuisez à penser, à cogiter, à interpréter ou à surinterpréter toutes les situations ! Votre cerveau carbure toujours à plein régime, et vous passez du rire aux larmes sans trop comprendre pourquoi.

Où est le bouton STOP ? Voilà votre rêve secret : appuyer sur OFF et pouvoir vous RE-PO-SER ! Alors, dès maintenant, prenez une grande inspiration et ouvrez les yeux : non seulement vous êtes parfaite comme vous êtes, mais vous êtes aussi dotée d'un super pouvoir dont vous n'avez même pas conscience ! Ce cahier, c'est votre journal intime à vous. Au fil des pages vous allez comprendre à quel point votre hypersensibilité est un atout, le moyen de vous connecter à vos talents, des plus évidents aux plus étonnants, pour déployer tout votre potentiel !

L'objectif est de vous aider à comprendre comment fonctionnent votre hypersensibilité et vos émotions à fleur de peau et de les accepter comme elles sont, sans pression, en vous considérant avec douceur et bienveillance ! Vous allez cultiver votre créativité, mettre en avant votre empathie, écouter votre intuition et faire taire une bonne fois pour toutes le syndrome de l'imposteur qui empêche vos idées nouvelles (et géniales !) d'émerger. Le meilleur moyen d'être exactement qui vous êtes ! Vous trouverez des outils pour mieux vous connaître et pour vous accepter pleinement. Tous les exercices qu'on vous a concoctés puisent dans les outils de développement personnel que sont l'hypnose, la sophrologie, le yoga, la méditation et que peut constituer l'écriture. Les rituels proposés quant à eux vous donneront les moyens de mieux interpréter vos perceptions intérieures.

Vous l'avez compris, ce cahier est votre compagnon sur la route du retour à la confiance, en vous et en vos multiples talents, pour que vous vous sentiez sereine, bien dans votre peau et que vous utilisiez, enfin, votre hypersensibilité comme une force. C'est le moment de croire en vous et de prendre votre place !

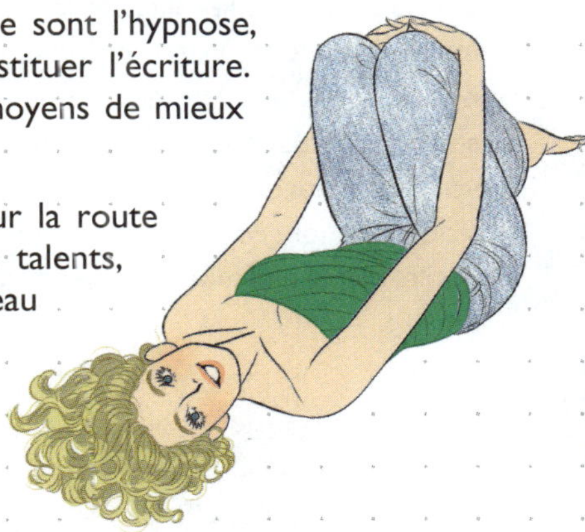

TEST

# QUELLE HYPERSENSIBLE ÊTES-VOUS ?

Émotive, amie au grand cœur, créative, hyperpenseuse, sensible… c'est tout vous ! Hypersensible serait plus juste ! Vous n'avez qu'une envie, canaliser tous les excès qui en résultent : stress, imagination débordante et émotivité. Hypersensible débutante, control freak ou consciente de votre singularité mais un peu dépassée ? Quel profil vous correspond ?

**Vous êtes heureuse de retrouver des copines pour un verre en after work. Tout d'un coup, le bruit vous oppresse…**

△ Vous ressentez une forme d'inconfort. Mais qu'est-ce qui vous différencie tant de vos copines qui, elles, ne semblent ressentir aucune gêne ?

□ Pas moyen de faire baisser le son, c'est ingérable, vous préférez partir !

○ Vous sortez prendre l'air. Vous verrez dans un moment si vous pouvez y retourner.

**Le réveil sonne, vous ouvrez les yeux en douceur…**

△ Une sensation inexplicable vous assaille immédiatement. Votre compagnon est de mauvaise humeur, et vous sentez confusément ses bad vibes vous atteindre…

□ Vous êtes encore en train de ressasser votre dispute d'hier soir avec votre mère !

○ Vous avez une intuition sur un projet pro... Vous vous demandez si vous devez l'écouter ou l'ignorer.

**Votre BFF se fait plaquer…**

△ C'est trop d'émotions : elle est mal, donc vous êtes mal… Vous vous noyez dans un verre d'eau.

□ Vous décidez d'appeler illico son ex pour régler la situation.

○ Comme d'hab, hyper empathique, vous cherchez des solutions à son problème pendant qu'elle pleure à chaudes larmes.

**Vous avez la possibilité de faire une nouvelle formation…**

△ Trop génial, mais laquelle choisir ? Vous hésitez, vous réfléchissez, impossible de vous décider !

□ Vous n'osez pas vous inscrire, vous n'aurez jamais le niveau pour réussir.

○ Exaltée, vous vous lancez ce défi, vaille que vaille, vous ne pensez même pas aux éventuelles difficultés.

**Hier, vous étiez au top avec un nouveau projet en vue. Ce matin, en revanche, la journée commence mal…**

△ Vous passez du rire aux larmes sans comprendre pourquoi.
□ Vous préférez rester sous la couette.
○ Vous êtes déprimée par ces montagnes russes émotionnelles.

**Tous les matins, votre chéri vous apporte votre café au lit. Oui, mais voilà, ce matin il a zappé…**

○ Vous ne dites rien, mais vous vous sentez blessée.
△ Votre esprit galope : y a-t-il anguille sous roche ? C'est sûr, il vous en veut !
□ Vous essayez de vous raisonner (« Ce n'est pas si grave »), mais vous gardez un œil sur lui.

**Dingue ! Vous avez (encore) une intuition !**

△ Vous ne savez pas quoi en faire.
□ C'est n'importe quoi ! Je ne vais pas me fier à ce truc irrationnel…
○ Vous commencez à écouter les petits messages dictés par votre petite voix intérieure…

**FAITES LES COMPTES !**

| △ | □ | ○ |
|---|---|---|
| | | |

**Vous avez une majorité de △ :** *Vous êtes une hypersensible qui se découvre*

Vous êtes à fleur de peau tout le temps sans trop savoir pourquoi. Souvent, les ressentis et les idées vous submergent. Dans la rue, les voitures, les bruits et la foule vous effraient. Surstimulée, vous êtes parfois à la limite du burn-out… Résultat ? Vous avez envie de fuir le monde tout en vous demandant ce qui vous distingue de votre entourage qui semble tellement bien s'amuser.

Bonne nouvelle : vous n'êtes pas folle, vous devez simplement prendre la mesure de votre hypersensibilité. Car oui, vous l'êtes, et il est temps que vous le sachiez ! Grâce à ce cahier, vous allez enfin pouvoir faire de votre hypersensibilité votre meilleure alliée. C'est le moment de vous relier à votre boussole intérieure... Vous allez découvrir l'étendue de vos hypersens et vous familiariser avec leurs caractéristiques. Vous allez explorer vos ressentis pour accepter votre mode de fonctionnement unique. La mise en place de rituels va vous permettre de vous recentrer. Yoga et méditation vous ramèneront progressivement vers un grand calme intérieur. À travers le dessin et l'écriture, vous allez développer votre créativité (par exemple p. 68). L'autohypnose vous sera utile pour intégrer de nouvelles habitudes (p. 34), et avec la danse spontanée (p. 41) vous allez retrouvez votre âme et votre énergie d'enfant… Votre propre magie va opérer, vous n'aurez plus qu'à vous laisser porter !

**Vous avez une majorité de □ :** *Vous avez du mal à faire le lien entre votre hypersensibilité et votre mode de vie. Pour l'instant vous êtes contrariée...*

Vous savez que vous êtes hypersensible, mais vous n'en voyez que le mauvais côté ! Comme une fatalité qui vous serait tombée dessus pour vous rendre la vie compliquée et ingérable. Vous ne vous écoutez pas, vous luttez, vous vous débattez avec vous-même et vous arrivez à un tel niveau d'épuisement que plus rien ne fonctionne. Le résultat ? Vous vous trouvez nulle, et votre besoin urgent de tout maîtriser est mis à mal. Pourtant tout contrôler, c'est votre credo.
Dans ce cahier, vous allez apprendre à faire de votre côté « control freak » un atout pour devenir une vraie leadeuse ! Il est temps d'apprendre à lâcher prise et à ne plus laisser le stress vous affecter ! Testez les exercices adaptés pour développer votre sérénité (par exemple, l'endroit ressource, p. 18) et découvrez la face positive de votre hypersensibilité. Exit « Miss Perfection », trouvez votre flow et laissez la place à la femme merveilleuse que vous êtes en cessant enfin de vous saboter. Les rituels et exercices ciblés de ce cahier (voir par exemple p. 30 à 32) vous aideront à vous accorder toute la légitimité que vous méritez et à porter sur vous-même un regard bienveillant !

**Vous avez une majorité de ○ :** *Vous êtes une hypersensible créative mais qui manque de confiance en elle... Il est temps d'oser !*

Vous êtes à part, vous le savez, on vous le répète à l'envi. Un peu différente, vos idées foisonnent sans que vous sachiez trop quoi en faire. Hyper empathique, c'est sur votre épaule que vos copines déprimées viennent pleurer.
Vous avez un don, un super-pouvoir ! Mais voilà, le manque de confiance en vous que provoquent les remarques sur votre nature « trop ceci » ou « trop cela » finit par vous nuire. Il est temps de reprendre le dessus, de vous déployer, d'oser, et par là-même de laisser votre don s'exprimer pour vous épanouir pleinement. Grâce à ce cahier, vous allez enfin pouvoir réaliser que votre façon de voir les choses est aussi importante que celle des autres. En prenant le temps de travailler votre intuition et votre créativité et en vous reconnectant à vos ressentis (voir p. 69), faites grimper la jauge de confiance en vous. Vous n'aurez alors plus aucun mal à vous lancer dans vos projets. La méditation des 5 sens (voir p. 14) est un bel atout pour développer encore plus votre intuition. Au fil des pages, trouvez les réponses à vos interrogations et une nouvelle motivation de vous lever le matin avec cette force qui vous anime ! Vous êtes unique !

# Chapitre 1

# L'hypersensibilité, quésaco ?

L'hypersensibilité est un trait de caractère, une caractéristique du cerveau mais aussi un mode de fonctionnement qui concerne entre 20 et 30 % de la population. De la même façon que vous naissez par exemple avec les yeux bleus ou marron, vous pouvez être hypersensible. La plupart des spécialistes s'entendent aujourd'hui pour dire que l'hypersensibilité est innée, voire génétique. C'est l'un ou l'autre de vos parents (ou les deux) qui vous ont transmis cette particularité, tout comme il y a de fortes chances pour que vos enfants en soient également dotés. L'hypersensibilité, c'est avant tout une façon, VOTRE façon d'être au monde.
Cependant, chacun s'inscrit dans une culture, une histoire familiale, une éducation qui influencent son rapport à l'hypersensibilité. Ainsi, chaque personne la vivra différemment en fonction de son histoire.
Votre intuition vous a poussée à acheter ce cahier ? Faites-lui confiance ! Si, au plus profond de vous, vous vous sentez hypersensible, il y a fort à parier que vous le soyez !
L'hypersensibilité, c'est d'abord une perception accrue de la vie. Pour résumer en quelques mots : vos sens sont à fleur de peau, votre empathie est très (trop) développée, votre imagination, votre créativité sont sans limite, et vous vous accrochez fermement au wagon sur vos montagnes russes émotionnelles…

## L'hypersensibilité, qu'est-ce que c'est ?

Notre premier rapport au monde se fait par les sens. On ressent avant de penser. Les sens sont nos premiers récepteurs d'informations sur le monde. Si je vous demande de me parler du goût du café (ou de n'importe quel autre goût) comment pourrez-vous le faire de manière précise si vous n'avez pas goûté au café, si vous n'avez pas fait l'expérience par les sens en première intention ? Si tout le

> Saverio Tomasella, psychanalyste et docteur en sciences humaines spécialiste de la question, propose sa définition : « L'hypersensibilité désigne le plus souvent soit une intense réceptivité, soit une forte émotivité, soit une grande expressivité. Enfin elle est indissociable de l'intuition et d'une importante disposition à ressentir, puis à exprimer ses sentiments. »

monde est doté d'une sensibilité, le cerveau des hypersensibles perçoit en plus toute une gamme de nuances qui échappent aux autres.
La société contemporaine a, quant à elle, une fâcheuse tendance à mettre en avant ce qui relève du domaine de la pensée, comme une machine qui « performe » à l'égal d'un ordinateur. À l'école (sauf exception), on vous a appris à réfléchir avec votre tête sans prendre en compte vos ressentis corporels, pourtant essentiels à tout apprentissage. Dans cet univers extrêmement codifié, vous vous êtes sentie de plus en plus en décalage, incomprise, inadaptée. Impossible d'être exactement « comme il faut », bref, toujours trop ou pas assez…

Ainsi, chaque expérience vécue, avant même de passer par le registre de la pensée, est ressentie. Certaines personnes seront plus sensibles aux images, d'autres aux bruits, pour d'autres encore ce seront les odeurs ou les goûts, pour certaines mêmes les perceptions du corps. Et ce n'est pas tout : si l'une des marqueurs principaux est cette intensité sensorielle, l'hypersensibilité se joue aussi dans les émotions, dans l'activité du mental (voir p. 11 et 16). En cause : la saturation cognitive.

### Portrait type d'une hypersensible

- Vous avez un grand besoin d'être aimée
- Vous avez du mal à dire non et à imposer des limites à votre entourage personnel ou professionnel
- Vous avez l'impression de vivre les montagnes russes émotionnelles. Vous êtes toujours bouleversée !
- Vous pouvez vous sentir blessée par certaines situations qui paraissent anodines aux autres
- Votre cerveau tourne à plein régime tout le temps et vous avez du mal à gérer les flux de vos pensées et de votre imagination débordante…
- Votre intuition est super fine et efficace, mais vous ne l'écoutez pas forcément !
- Une odeur qui vous gêne peut vous obliger à quitter un endroit
- Vous ne pouvez pas porter un pull avec une étiquette qui gratte !
- Vous êtes sensibles aux stimulants, au café, au froid, au chaud, aux rythmes de la lune, au syndrome prémenstruel (variations hormonales qui amènent déprime, irritations, fatigue…)

Cette liste est loin d'être exhaustive, il existe plus d'une façon d'être hypersensible, tout est affaire de perception.

# Un peu d'histoire

## A long time ago…

Les recherches scientifiques sur la préhistoire, de plus en plus poussées, tentent d'en comprendre les structures sociales. Il apparaît que des sorciers, chamanes et autres chefs religieux pourraient avoir été choisis expressément pour leur hypersensibilité. Celle-ci leur aurait conféré un accès subtil au monde des esprits, inaccessible pour le commun des mortels. Leur intuition hyper aiguisée leur aurait servi au quotidien pour se défendre mais aussi pour écouter les messages de l'univers. Aujourd'hui, on a pu confirmer ce genre de théorie en étudiant les capacités particulières des chamanes d'Amérique centrale, qui sont traditionnellement choisis dès l'enfance pour leur « don » et leur extrême sensibilité.

Pourquoi ne pas penser alors que de nombreuses hypersensibles malheureuses furent brûlées comme sorcières en place publique aux XVe et XVIe siècles, bien incapables d'expliquer ce qu'elles ressentaient – leurs visions et leurs dons de guérisseuses – tant elles étaient rejetées par leur entourage et les mœurs religieuses de l'époque ?

## Du côté scientifique

Si l'histoire de l'hypersensibilité est aussi vieille que celle de l'humanité, il a fallu attendre le XXe siècle pour qu'un grand hypersensible, psychiatre, introduise le concept de « sensibilité innée ». Carl Gustav Jung, l'un des plus célèbres disciples de Freud, pointe en 1913 l'aspect enrichissant de cette dernière pour l'individu en précisant qu'il ne s'agit pas d'une pathologie à proprement parler. Il avance déjà que, si on devait rejeter les hypersensibles, cela reviendrait à se priver d'un quart de l'humanité. C'est Elain N. Aron, psychothérapeute américaine et chercheuse en psychologie qui, bien plus tard, en 1996, approfondira le sujet. Elle-même hypersensible, elle réalise que, depuis Jung, quasiment rien n'a été écrit sur le sujet. L'œuvre de Jung parle souvent de l'hypersensibilité comme d'« une tendance à se tourner vers l'intérieur ». Elain N. Aron précise que les personnes timides et introverties ne sont pas forcément hypersensibles, même si l'inverse est souvent vrai. Accompagnée de son mari, chercheur lui aussi, elle lance une enquête auprès de ses étudiants afin de savoir lesquels se jugent « hypersensibles à la stimulation, introvertis ou portés aux réactions émotives ». Les résultats de cette étude donneront lieu à un premier article sur les caractéristiques d'une personne hypersensible. Parallèlement, en France, c'est le psychanalyste et écrivain Saverio Tomasella qui mène des recherches.

N'étant pas considérée comme une pathologie, l'hypersensibilité ne relève pas d'un diagnostic clinique. C'est ce qui en fait un sujet de recherche difficile à appréhender, car il existe autant de formes d'hypersensibilité que d'hypersensibles.

## Comment ça se caractérise ?

Si l'hypersensibilité était un filtre Instagram, elle s'appellerait incontestablement « intense ». Nombreuses sont celles qui se sentent peut-être concernées ou même gênées par des perceptions trop aigües et qui se demandent ce qu'elles doivent faire pour guérir. Peut-on bien établir un diagnostic en ce cas ? Non ! Vous n'êtes pas malade ! Vous êtes plutôt en possession de capacités dont vous ne savez que faire pour l'instant, mais avec lesquelles il va falloir vous ajuster. C'est en découvrant les caractéristiques de votre hypersensibilité que vous apprendrez à maîtriser ce superpouvoir.

### Les marqueurs incontournables

Si l'une ou l'autre des affirmations suivantes vous sont familières – ou peut-être toutes ! –, on peut certainement vous qualifier d'hypersensible.

**Vos sens saturés**

Vous ressentez tout beaucoup plus intensément : les bruits, les odeurs, les goûts, les images, tout sans exception. Vous les éprouvez, parfois même vous les endurez. Comparé à celui des autres, votre capteur de ressenti est multiplié par 1 000… dans les situations agréables comme dans celles qui le sont moins ! Tous vos sens sont stimulés en même temps. Résultat ? Vous n'en pouvez plus, vos émotions vous submergent et vous n'avez qu'une envie : trouver le bouton « Stop » de votre cerveau.

***Votre meilleure alliée dans ce cas-là ? Votre respiration !*** Asseyez-vous, posez vos mains sur votre ventre, prenez une grande inspiration en gonflant le ventre et expirez en rentrant le ventre. Remarquez comme votre cerveau se calme à chaque inspiration et à chaque expiration. Répétez l'exercice pendant 5 minutes en cas de crise… Le soulagement est garanti.

**Vos émotions en dents de scie**

Vous passez de grands éclats de rire aux crises de larmes en si peu de temps que vous n'arrivez pas à comprendre pourquoi. Parfois même, vous avez la sensation que ce sont ces transports de joie ou de tristesse qui tiennent le gouvernail de votre vie. Ces émotions sont si changeantes et débordantes qu'elles vous poussent à vous questionner sur votre nature profonde…

*Le remède aux excès émotionnels ? La posture de yoga du chat : un véritable moment pour vous détendre…*
Quel animal sait mieux se détendre que le chat ? Installez-vous sur un tapis à quatre pattes et, au rythme de votre respiration, calmement, arrondissez le dos le plus possible, puis creusez-le en douceur sans forcer. Cet exercice super easy est un outil magique pour lâcher prise progressivement. Abusez-en !

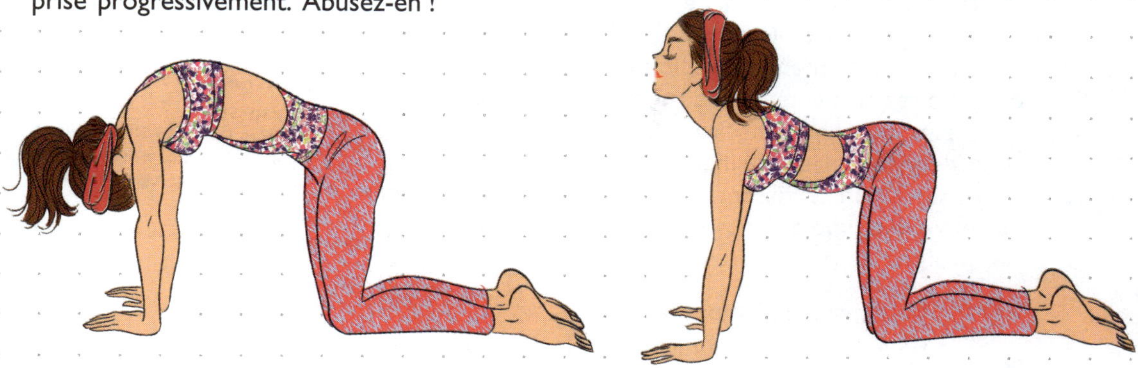

**Votre cerveau qui tourne non-stop**
Tel le hamster dans sa roue, il tourne, il tourne, il tourne. Vous rêvez d'arrêter cette machine infernale qui ne vous apporte aucune solution. Dans le pire des cas, il vous épuise, vous laissant sans énergie, avec une confiance en vous proche du zéro. Stress, anxiété, angoisse, tous les ressentis bad mood vous arrivent de plein fouet.

*La solution ? Du brainwashing.* Prenez votre plus joli carnet et vos crayons de couleur ou vos feutres. Faites une liste de toutes les idées qui vous traversent, notez-les sans réfléchir, sans aucun jugement. Griffonnez des monstres, des mots durs, des insultes, déchirez les pages… Lâchez-vous complètement. Tout est permis ! Bref, déposez tout ce qui vous stresse pour l'extérioriser. Vous pouvez ensuite brûler les pages raturées pour en faire un rituel libérateur !

**La recherche du sens caché**
Vous vous posez des questions, sans cesse, sur tout et sur rien, vous interprétez, surinterprétez, vous avez besoin de trouver du sens à tout, des réponses, même dans des situations où il n'y en a pas forcément. Dans les bons jours, cela vous apporte plein de belles idées, mais, dans les moins bons, vous dépensez parfois beaucoup d'énergie inutilement, et vous le savez… Mais vous le faites quand même !

*Vous tournez en rond ? Un mind cleansing reset.* Prenez un moment pour vous poser et revenir au réel : installez-vous confortablement dans un endroit calme. Inspirez 3 secondes par le nez et expirez trois secondes par la bouche. À présent, vous allez pratiquer une technique de visualisation très efficace pour vous relaxer rapidement. Pendant que vous respirez calmement, imaginez que vous êtes une petite mare dans laquelle l'eau est troublée. Les particules s'agitent en tous sens, et c'est toute la mare qui s'en trouve polluée. Dans l'ordre naturel des choses, le mouvement et l'agitation polluent l'eau. Plus vous respirez calmement, plus le tumulte passe. Les particules qui obscurcissaient la surface se déposent naturellement au fond, pour créer un limon fertilisant. L'eau de la mare retrouve une limpidité absolue et vous, un calme profond et régénérateur !

**Les autres rituels relaxants**
Prenez un bain, lisez un livre, faites une méditation pendant cinq petites minutes (voir p. 14), prenez soin de vous, rien que de vous, revenez à l'instant présent et concentrez-vous uniquement sur ce qui vous fait du bien.

**Votre grande empathie**

Vous ressentez intuitivement si quelqu'un va bien ou mal même si les apparences indiquent le contraire. Vous reconnaissez immédiatement les gens honnêtes et ceux qui le sont moins. Vous écoutez les autres, encore et encore… et même si parfois vous aimeriez dire non, vous n'y parvenez pas. Un sentiment d'épuisement s'installe, un peu comme si votre attention aux autres vous prenait toute votre énergie. Et vous, qui vous écoute ? Parfois un sentiment de profonde solitude vous envahit.

***Vous êtes en mode tristesse ? Remémorez-vous toutes les fois où votre empathie vous a guidée dans la bonne direction !*** Toutes les fois où vous vous êtes dit que vous aviez bien fait d'écouter cette forme d'intuition. Pensez à toutes les fois où cette petite voix vous a donné des infos bien utiles !

# Hyper tout !

Être « hyper tout », c'est non seulement avoir une perception accrue de ses sens mais également de ses émotions. C'est brasser en permanence un flot d'informations considérable (sans hiérarchie) jusqu'à épuiser le cerveau et le système nerveux.
Heureusement, vous allez découvrir au fil de ces pages les moyens de vous apaiser et de composer sereinement avec votre singularité.

**Intuition et hypersensibilité, comment ça marche ?**
Elle se manifeste sous la forme d'un sentiment diffus ou d'une crispation dans le ventre, par exemple. On pense souvent que l'intuition est mystérieuse. En réalité, pour aboutir à ce ressenti, votre cerveau a mis en relation des informations collectées à votre insu. Il vous fait passer le fruit de sa réflexion inconsciemment, via le corps. Les hypersensibles, dont les perceptions sont acérées, collectent plus d'informations et ressentent plus fort les signes corporels de l'intuition.

## Moi et mes hypersens

Il est temps de faire un point sur vos ressentis, sur ce qui est normal pour les autres, mais, bizarrement, insupportable pour vous, sur les sens surstimulés chez vous, sur le moment où gérer vos montagnes russes émotionnelles devient compliqué. Les exercices suivants vous aideront à vous découvrir à un niveau plus subtil. C'est en appréhendant votre mode de fonctionnement, pas à pas, que vous pourrez l'apprivoiser, le comprendre et ainsi non seulement anticiper les situations de crise, mais surtout créer les conditions qui vous permettront d'optimiser vos ultra-perceptions. En effet, au lieu de subir, vous allez apprendre à faire un pas de côté, à observer en pleine conscience la situation à laquelle vous êtes confrontée et à savoir comment utiliser au mieux votre énergie au lieu de la dilapider en de vaines tentatives d'adaptation.

## En cause : l'hyperesthésie !

L'hypersensibilité sous toutes ses formes découle d'une caractéristique unique qui va impacter différemment chaque personne : l'hyperesthésie. Dans sa définition la plus basique, il s'agit d'une exagération de la perception. Plus précisément, d'une réponse excessive aux stimuli sensoriels. Qu'elle soit d'origine neurologique ou physiologique, l'hyperesthésie qui affecte les hypersensibles se décline à l'infini.

Selon la définition du dictionnaire Larousse, c'est une « accentuation de la sensibilité qui transforme certaines sensations (tactiles, thermiques…) en douleur ». Mais cette définition oublie que, si la douleur est le versant négatif de cette capacité unique, elle n'est pas systématique.

Certes, il est possible que vous ne supportiez pas une luminosité trop intense, ou encore que vous vous sentiez soudain très mal à l'aise dans une soirée parce que le son (de la musique, des voix, des verres) devient trop fort, que vous sentiez comme des brûlures sur la peau alors que vous n'en avez aucune. Chaque sens peut être concerné, et les exemples sont multiples. Mais, là encore, il est parfaitement possible de tirer avantage de cette perception aiguisée. C'est ce que font ceux qui ont l'oreille absolue, sans avoir aucune notion de solfège, les fameux nez payés à prix d'or par les parfumeurs ou encore les sommeliers aux papilles aiguisées pouvant distinguer des dizaines d'arômes et de goûts différents dans un grand cru.

Vous le voyez, ce concept n'est ni négatif, ni positif. Il vous revient de chercher lesquels de vos sens sont concernés par l'hyperesthésie. Pour cela, prêtez attention à vos sensations, calmement, au repos.

## Ma méditation des 5 sens

Prenez un temps pour vous connecter à vos sens autrement que dans l'action. Laissez venir à vous les perceptions agréables et peut-être même celles qui le sont moins et accueillez, simplement. Prenez conscience que, finalement, même ce qui n'est pas agréable est supportable si vous acceptez de ne pas y accorder d'importance. Réalisez à quel point il est bon de faire une pause et de vous occuper uniquement de vous !

**Les bienfaits**

Vous allez constater combien ne rien faire, ou seulement ressentir, est libérateur. C'est un moyen fabuleux de se recharger en énergie, de laisser venir à soi de nouvelles idées, et vous allez apprendre à distinguer chacun de vos sens, alors que, en temps normal, ils sont tous stimulés en même temps. Par la même occasion, vous découvrirez lequel de vos sens est le plus affuté.

C'est un excellent exercice pour travailler votre concentration ! L'entraînement et la régularité sont gage d'efficacité.

**Quand et combien de temps ?**

Entraînez-vous régulièrement à raison de séances de 5 minutes, plusieurs fois par semaine.

**Comment je m'y prends ?**

Installez-vous le plus confortablement possible dans un espace agréable et cocooning. De préférence assise pour éviter de vous endormir.
Allumez une jolie bougie et regardez sa flamme. Portez votre attention sur les couleurs de celle-ci, essayez de toutes les distinguer le plus précisément possible. Plus vous allez fixer votre attention sur les couleurs, plus vous allez sentir venir l'envie de fermer les yeux : laissez faire.
Portez ensuite votre attention sur votre respiration, imaginez que vous respirez à votre rythme dans chacune des parties de votre corps, passez-les en revue (votre respiration s'installe dans vos pieds, vos jambes, votre bassin, votre cœur…).
À ce stade de la méditation, vous remarquez que vous êtes déjà plus détendue, plus décontractée, peut-être aurez-vous même l'impression d'être un peu ailleurs : c'est très bien comme ça, laissez les choses se faire.
Portez votre attention sur les bruits. Détaillez-les : des plus lointains aux plus proches (la ville, la rue, l'immeuble, l'appartement, la pièce dans laquelle vous êtes, les bruits à l'intérieur de vous).
Observez ce que ça vous fait d'être connectée à vous-même. Remarquez votre respiration qui s'est faite très calme. Puis, à votre rythme, ouvrez les yeux doucement. Comment vous sentez-vous ?
Prenez votre plus joli cahier et notez vos ressentis !

## Mon hyperréactivité émotionnelle

Le pendant de l'hyperesthésie qui agit sur les sens est le rapport aux émotions. On parle d'hyperémotivité. Lorsque trop d'émotions arrivent en même temps, votre cerveau limbique (aussi appelé cerveau émotionnel, le centre des émotions et de la mémoire) et votre néocortex (centre du raisonnement et de la pensée logique) ne parviennent pas à les gérer. Prise par ce flot d'émotions, il vous devient impossible de raisonner. Résultat : vous ressentez un très fort besoin de vous isoler qui pourrait faire croire que vous êtes un peu « sauvage », alors que vous avez juste besoin de recharger vos batteries.
Vous ressentez vos émotions, agréables comme désagréables, plus longtemps et plus intensément. Vous pouvez avoir plus de mal à vous remettre de certaines situations qui semblent anodines à d'autres (quitter des amis après des vacances peut vous faire pleurer à chaudes larmes).
En bonne hypersensible, il y a de fortes chances pour que vous soyez une véritable éponge émotionnelle. D'ailleurs, c'est sans doute votre immense empathie qui fait de vous une merveilleuse amie, une oreille toujours attentive, une intuitive pleine de bons conseils.

## Hyperstimulation, quand tu nous tiens !

L'immense flux d'informations qui nous assaille à longueur de journée est un défi pour n'importe quel cerveau. En partant du postulat que les sens sont stimulés en permanence et parfois même en même temps et que les émotions s'enchaînent, l'hypersensible est d'autant mis à l'épreuve.

Submergé de données, selon lui toutes aussi importantes les unes que les autres, le cerveau arrive à saturation. Il peut donner l'impression de ne plus avoir assez de place disponible pour réfléchir et trouver des solutions.

C'est ce que l'on appelle la « saturation cognitive » : trop d'informations, trop de stimuli, trop d'émotions, et c'est l'épuisement psychique et physique.

Cette impression de cerveau bloqué, de voie sans issue, peut mener à de grosses crises de larmes, à s'énerver rapidement ou à stresser si l'on n'apprend pas à les gérer. Parfois le sentiment que vous êtes trop nulle pour y arriver vous envahit, jusqu'à perdre complètement confiance en vous et en vos capacités.

Eh oui, votre cerveau brasse tout le temps de chouettes projets lors des bons jours ou des arguments fallacieux et des scénarios catastrophe lors des mauvais !

Ce mode de fonctionnement de pensée en arborescence, où une idée en appelle systématiquement une autre, à l'opposé de la pensée linéaire (une idée après l'autre) est épuisant au plan neurologique.

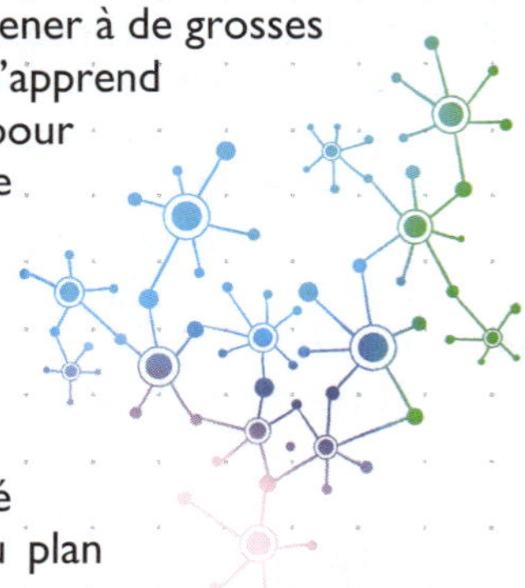

### La méthode Vittoz à la rescousse de mon cerveau enflammé !

Cette technique de thérapie psychosensorielle a été créée par le médecin suisse Roger Vittoz au début du XX^e^ siècle. Elle fait partie du champ des thérapies basées sur la pleine conscience. Afin de ne pas la confondre avec la méditation de pleine conscience, il serait plus juste de parler de « pleine présence ». L'objectif est cependant le même : être pleinement présente dans les activités que l'on pratique. Là où la méditation de pleine conscience vous invitera à vous asseoir et à accueillir le silence, les pensées, les émotions, la méthode Vittoz propose des exercices que vous pouvez utiliser dans votre vie de tous les jours, durant vos activités. Vous allez pouvoir développer votre conscience de l'instant présent grâce à vos 5 sens. L'objectif est de ne faire intervenir ni le mental, ni la pensée, juste de ressentir.

Avec des exercices simples, la méthode Vittoz permet de rééquilibrer les deux fonctions naturelles du cerveau : la réceptivité (le cerveau reçoit les informations) et l'émissivité (le cerveau émet des pensées et des réflexions). Dans le cas de l'hypersensibilité et de l'hyperesthésie, ces exercices aident grandement à rétablir l'équilibre et à calmer le stress et les pensées en mettant le cerveau au repos.

**La méditation de pleine conscience en question**

Certains scientifiques modernes ont voulu éprouver scientifiquement les bienfaits de la méditation issue des traditions orientales. Leurs études ont démontré une augmentation significative des ondes theta et alpha du cerveau, responsables de la relaxation, ainsi qu'une amélioration de la santé cardiovasculaire et un renforcement du système immunitaire. Ainsi a émergé une pratique de la méditation occidentale, basée sur l'instant présent et dénuée de caractère sacré, qu'on qualifie de « pleine conscience ». Pratiquer la méditation consiste à se concentrer sur sa respiration en laissant défiler les pensées sans s'y attacher. C'est Jon Kabat-Zinn, un docteur en biologie moléculaire pratiquant le yoga et la méditation, qui a eu l'idée d'adapter ces pratiques dès les années 1980 dans le milieu hospitalier, où les patients et les soignants ressentaient beaucoup de stress, en proposant un programme appelé MBSR (*Mindfulness-Based Stress Reduction* : Réduction du stress basée sur la pleine conscience), qu'il a mis au point au sein de la faculté de médecine de l'université du Massachusetts aux États-Unis.

Le cerveau limbique, qui reçoit les informations et les communique au néocortex, se calme et empêche la surstimulation sensorielle qui pourrait le mener jusqu'à la saturation.

Les exercices proposés permettent de se reconnecter au corps et uniquement au corps, en cessant de basculer sur un mode mental exacerbé. Le bonheur pour votre cerveau trop souvent on fire !

**Danser pour réduire mon stress, améliorer ma concentration et ma mémoire**

On oublie trop souvent que notre corps n'est pas là uniquement pour porter notre tête ! C'est notre boussole au quotidien. En prendre soin et l'écouter est primordial pour évoluer en bonne santé physique mais également mentale. À travers cet exercice, vous allez prendre conscience de chacun de vos membres tout en mettant un peu votre cerveau et le flux de vos pensées sur pause. Le principe ? Pratiquer la pleine présence en portant toute votre attention sur l'expérience, les ressentis et la perception de la musique.

***Les bienfaits ?*** La danse vous met en mouvement ! Vous mobilisez votre corps, vous stimulez à la fois votre respiration, votre mémoire, votre équilibre, votre circulation sanguine et votre sangle abdominale ! Lancez-vous !

***Comment je m'y prends ?***

Choisissez une musique que vous aimez, qui vous motive, qui vous met en joie. Avant de la lancer, prenez note de l'état d'esprit dans lequel vous vous trouvez. Faites trois grandes respirations en enchaînant calmement les inspirations et les expirations.

Puis mettez-vous à danser comme bon vous semble ! Bougez toutes les parties de votre corps, en prenant soin de rester en pleine conscience (attention portée sur le moment présent, les ressentis…). Observez celles qui vous paraissent plus bloquées que les autres. Sentez comme ce lien à la musique vous fait du bien.

Appréciez l'expérience du mouvement et remarquez comment vous vous sentez à la fin de la musique. Y-a-t-il une différence avec votre état au début ? Est-ce plus agréable ?

**Manger en pleine conscience**

Vous pouvez faire exactement le même exercice de pleine conscience au quotidien lors de vos repas.

*Les bienfaits ?* Prendre vraiment le temps d'apprécier les aliments est un très bon exercice pour apaiser le mental et revenir très facilement aux sensations corporelles.

*Comment je m'y prends ?*

Regardez votre assiette, les nuances de couleurs. Touchez les aliments ! Oubliez votre fourchette et créez un lien avec eux. Leur matière, leur consistance, leur poids. Passez ensuite à l'odeur du plat, comment la percevez-vous ? Vous est-elle familière ? Les senteurs vous font-elles saliver ? Que se passe-t-il en vous à ce moment-là ? Avez-vous envie de manger ? Avez-vous l'impression de redécouvrir la nourriture ? Accueillez simplement les ressentis, rien de plus, oubliez le mental !

**Mon rituel de l'endroit ressource**

L'endroit ressource est votre madeleine de Proust du bien-être : c'est ce lieu magique dans lequel vous pourrez vous réfugier chaque fois que ce sera nécessaire. Tout y est exactement comme vous en avez envie. Il peut être réel ou imaginaire, pourvu qu'il vous apaise. Pour les unes ce sera une plage de sable chaud, pour d'autres une clairière dans la forêt, ou peut-être même tout simplement votre lit. Vous vous y sentez parfaitement bien, c'est vous qui l'avez choisi ou qui l'avez créé. Plus vous vous entraînerez et plus vous pourrez y retourner facilement.

*Les bienfaits ?* Apaisement, réconfort, bien-être.

*Quand ?* Chaque fois que vous en aurez besoin : face à un coup de stress, à la tristesse, à la saturation. Lorsque vous aurez besoin de vous apaiser, il vous suffira de le solliciter, et vous en éprouverez immédiatement toutes les sensations bienfaisantes.

*Comment je m'y prends ?*
Installez-vous confortablement, en position assise de préférence. Fermez les yeux, portez votre attention sur votre respiration uniquement. Sentez l'air frais qui entre par le nez et qui en sort peut-être un peu plus chaud. Laissez la respiration s'installer dans toutes les parties de votre corps et, au fur et à mesure, sentez votre corps de plus en plus détendu. Imaginez que vous vous installez dans un endroit, réel ou imaginaire, où vous vous sentez bien, parfaitement en confiance, en sécurité. Remarquez les couleurs, les odeurs, peut-être même les bruits ou les goûts, voire une sensation sur la peau... Appréciez toutes ces sensations de manière très précise, observez le bien-être dans lequel vous vous trouvez.
Puis, à votre rythme, vous pouvez ouvrir les yeux.
Buvez un grand verre d'eau et appréciez ce moment de détente qui vous apporte réconfort et sentiment de sécurité...

**Le geste codifié**
Au moment où vous êtes bien installée dans cet endroit et où vous percevez toutes les sensations, pressez votre pouce contre votre index ou faites un geste spécifique et inhabituel avec votre main gauche en vous disant que, chaque fois que vous en aurez besoin, demain, dans 15 jours ou dans un mois, il vous suffira de fermer les yeux, de reproduire ce geste, et vous retournerez immédiatement dans cet endroit pour en éprouver toutes les sensations agréables.

## 10 façons d'être hypersensible

### 1. Vous vous émerveillez d'un rien

Un coucher de soleil, une jolie fleur, une couleur, une jolie décoration, un petit animal, une odeur qui vous rappelle un bon moment. Une sieste dans la nature. Tellement de petites choses peuvent vous faire pousser des grands waouh ! Vous avez la spontanéité d'un enfant, et c'est tellement fun et agréable !

### 2. Choisir : le grand dilemme !

Plutôt ça ou ça ? Le pull bleu ou le jaune ? Un dîner chez des potes ou un week-end en amoureux ? Ce vase carré ou celui-là, rond ? Pour les vacances, l'Espagne ou l'Italie ? Choisir, c'est renoncer et ça, vous n'aimez pas ! Les choix que vous avez à faire, aussi petits soient-ils, sont toujours cornéliens, parfois à vous fendre le cœur...

### 3. Sociable et solitaire à la fois

Une soirée entre amis, un week-end en famille, un brunch avec des collègues de bureau, oui, pourvu que vous puissiez retrouver le silence quand vous en avez envie, que vous puissiez retrouver la bulle de solitude qui vous permet de recharger vos batteries et de repartir de plus belle, toujours plus enjouée !

### 4. Tout est essentiel !

Pour la plupart des hypersensibles, « l'inhibition latente », cette capacité à filtrer les informations en leur attribuant un degré d'importance (ou une hiérarchie), est à un niveau très bas. Pour vous, tout a la même importance. Et vu le nombre de stimuli traités par vos méninges tous les jours, c'est épuisant.

### 5. Le smalltalk, ce n'est pas votre truc

Ces petites conversations qui, au final, vous donnent l'impression de ne parler de rien, ce n'est pas pour vous. Vous avez besoin de relations vraies, profondes et authentiques. Vous avez besoin d'être entourée de gens qui vous permettent de vous sentir à 100 % vous-même.

### 6. Votre sommeil est sacré

Cet enchaînement de stimulations, ce flux continu d'informations, vous met dans un état de saturation cognitive comme si tous vos sens étaient sollicités en même temps. Vous êtes à plat, alors rien de mieux qu'une bonne nuit de sommeil pour recharger vos batteries. Privée de sommeil, vous pouvez devenir irascible et déprimée…

### 7. Procrastination et auto-flagellation

Vous tournez, vous changez d'avis, vous réfléchissez... vous avez un truc à faire mais impossible de passer à l'action. Et, une fois au pied du mur, c'est la cata... Vous vous flagellez, vous vous trouvez nulle, en vous demandant pourquoi vous avez attendu aussi longtemps pour vous y mettre !

### 8. Les petits bruits vous rendent folle !

Les bruits qui peuvent paraître anodins voire complètement inexistants à certains vous rendent complètement dingue et peuvent déclencher vos foudres. Quelqu'un qui mastique, qui se frotte les ongles l'un contre l'autre, le tic-tac d'une horloge… La liste n'est pas exhaustive, vous avez sûrement vos propres exemples de sons tout simplement insupportables à vos yeux et qui pèsent lourd sur votre système nerveux !

## 9. Les examens… votre bête noire

Vous devez passer un examen, être évaluée par votre chef, faire une présentation devant un jury : rien de tel pour vous stresser. Douleur au ventre, poitrine serrée, tremblements… la sensation d'être jugée vous fait perdre tous vos moyens.

## 10. Vous êtes une fleur bleue, en fait

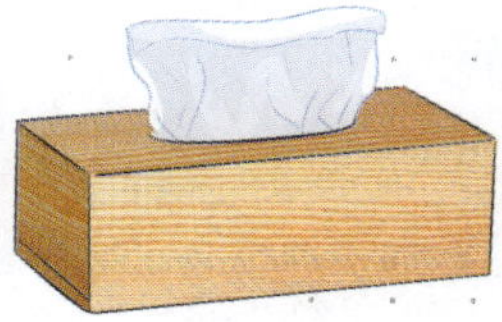

Une musique, un spectacle, un film provoque chez vous une émotion qui vous fait monter les larmes aux yeux. De joie ou de tristesse, toutes les situations peuvent vous faire pleurer. Que ce soit par une larmichette ou de gros sanglots, vous avez besoin de laisser s'exprimer vos émotions, et c'est très bien comme ça.

Si vous vous retrouvez à travers ces caractéristiques et que vous doutez des aspects positifs de l'hypersensibilité, le moment est maintenant venu d'arrêter de la subir pour l'apprivoiser.
Comme l'alchimiste du Moyen Âge, apprenez à changer le plomb en or. Be an alchimist !

Chapitre 2

# J'apprivoise mon hypersensibilité

Comment l'hypersensibilité vous anime-t-elle au quotidien ? Peut-elle devenir trop envahissante ? Comment vos ressentis et tous les signaux que vous captez agrémentent ou impactent-ils votre vie ? Comment vivez-vous vos émotions ? Quel est votre rapport à la perfectionniste et à la control freak qui est en vous ? Comment votre peur de ne pas être reconnue, aimée à votre juste valeur vous empêche-t-elle au final de vous aimer vous-même ?

Vous trouverez ici des conseils et des solutions pour vous connecter à vos émotions, pour les comprendre et pour les accueillir avec bienveillance. Plus vous observerez votre façon de voir le monde, plus vous serez à même d'écouter vos besoins et d'y répondre. Plus vous accueillerez votre enfant intérieur, la part la plus spontanée de vous-même, celle qui abrite vos élans de cœur, et plus votre enfant intérieur sera en sécurité, plus vous serez en accord avec vous-même.

## Mes émotions et moi

Avec les émotions, vous voilà au cœur de votre hypersensibilité. *Émotion* (du latin *emovere*) signifie « se mettre en mouvement ». Qu'elle soit agréable ou désagréable, c'est un élan qui nous traverse lorsqu'une situation se présente, lorsqu'il se passe quelque chose dans notre vie. C'est somme toute commun, mais l'hypersensible que vous êtes perçoit ces sensations à la puissance 1 000.

## Découvrir mes émotions

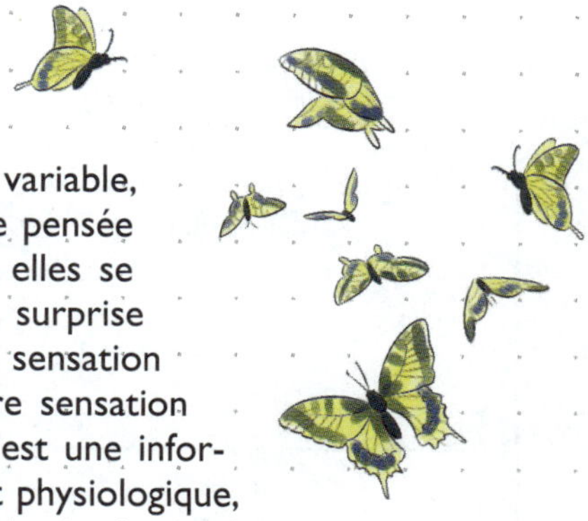

Les émotions sont des réactions passagères d'amplitude variable, provoquées par des stimuli externes. Si certaines écoles de pensée vont jusqu'à compter 27 émotions récurrentes, 6 d'entre elles se distinguent systématiquement : tristesse, joie, peur, dégoût, surprise et colère. Dans un premier temps, elles déclenchent une sensation dans le corps : douleur, oppression, picotement ou encore sensation de légèreté, papillons dans le ventre, regain d'énergie… C'est une information que vous donne votre corps en provoquant un effet physiologique, puis une réaction affective qui peut modifier votre humeur.

### Tableau des émotions

| | RÉACTIONS HORMONALES | RÉACTIONS PHYSIOLOGIQUES | QUE FAIRE ? |
|---|---|---|---|
| JOIE | ○ Dopamine<br>○ Sérotonine<br>○ Adrénaline<br>○ Ocytocine | ○ Sourire<br>○ Larmes<br>○ Excitation<br>○ Bonne humeur<br>○ Besoin de lien social | C'est le moment de créer, d'inventer, d'imaginer. De bouger, de chanter, de danser ! La joie donne l'énergie pour passer à l'action.  |
| COLÈRE  | ○ Adrénaline<br>○ Cortisol<br>○ Noradrénaline | ○ Modification de la voix<br>○ Accélération de la respiration<br>○ Changement de couleur<br>○ Battements plus forts du cœur | Dites ce que vous avez à dire une bonne fois pour toutes ! Tapez dans un coussin ! Exprimez cette colère. |
| TRISTESSE | ○ Augmentation du cortisol<br>○ Baisse de la sérotonine | ○ Trouble de l'attention<br>○ Fatigue<br>○ Larmes<br>○ Irritabilité<br>○ Sensation d'épuisement | Pleurez, ça fait du bien, ça décharge la tension émotionnelle ! Demandez du réconfort : quand quelqu'un nous prend dans ses bras, on se sent mieux ! |
| PEUR | ○ Adrénaline<br>○ Cortisol  | ○ Combat<br>○ Fuite<br>○ Sidération<br>○ Pupilles dilatées<br>○ Pouls qui s'accélère<br>○ Augmentation de la pression artérielle. | Inspirez et expirez calmement à plusieurs reprises. Essayez de comprendre ce qui vous a fait peur et demandez-vous ce qui pourrait vous aider. |

| | Réactions hormonales | Réactions physiologiques | Que faire ? |
|---|---|---|---|
| **Dégoût** | ○ Cortisol<br>○ Adrénaline | ○ Froncement des sourcils<br>○ Plissement du nez<br>○ Sensation de nausée<br>○ Sentiment de répulsion | Éloignez-vous de la cause de votre dégoût et pensez à un moment agréable en reprenant contact avec toutes les sensations plaisantes de celui-ci. Quelles étaient les couleurs, les odeurs, les bruits, les goûts... ? |
| **Surprise** | Pas de réaction hormonale particulière | ○ Les yeux s'écarquillent<br>○ Le souffle se coupe<br>○ La respiration se bloque. | Elle disparaît très vite, car c'est une émotion brève qui laisse ensuite la place à une autre émotion agréable ou inconfortable. |

## Des émotions trop intenses...

Dans le cas de l'hypersensibilité, vos sens très acérés provoquent des émotions plus intenses. Votre cerveau est débordé par cette quantité d'informations sensorielles et émotionnelles, jusqu'à une véritable saturation cognitive. Certains jours sont marqués par des montagnes russes émotionnelles où l'on passe d'un enthousiasme éclatant à un désarroi total et inexplicable. Plus vous comprendrez votre mode de fonctionnement, plus vous repérerez ce qui déclenche votre état, et plus vous serez capable de l'accueillir avec toute la bienveillance dont vous pouvez faire preuve envers vous-même.

## Mieux se connaître pour mieux vivre ses émotions

En tant qu'hypersensible, vous avez souvent l'impression que les émotions sont toutes-puissantes, et c'est vrai.

Au quotidien, apprendre à connaître vos émotions va vous permettre de les ressentir pour ce qu'elles sont : juste des émotions qui vous traversent. Vouloir les éviter, c'est prendre le risque de se laisser dépasser, entraînant irritabilité, stress, anxiété, fatigue, trouble du sommeil et autres joyeusetés qui vous feront du mal. Observer vos émotions quotidiennement, c'est avoir la possibilité de ne pas vous laisser déborder par vos humeurs passagères.

Même si on a tendance à rejeter celles qui sont moins plaisantes, il est important de garder aussi en tête leur utilité.

## Vous disposez déjà d'un système de régulation : les larmes !

Dans notre organisme, rien n'est laissé au hasard. Chaque émotion engendre une réaction hormonale. Les hormones du stress par exemple (cortisol et adrénaline) sont évacuées par les larmes, ce qui fait baisser spontanément la tension. Vous le savez, on se sent bien mieux après avoir pleuré.

## La respiration me sauve !

La respiration, elle aussi, est une super alliée, c'est l'effet patch de l'émotion ! Une grande inspiration, une longue expiration, répétées au moins 3 fois : c'est le temps nécessaire pour faire un pas de côté et regarder les choses différemment, bref pour prendre du recul ! Il n'y a pas plus simple et accessible ! Il existe aussi certaines techniques de respiration qui permettent d'agir sur le système nerveux… En effet, notre corps est régi par nos systèmes nerveux sympathique et parasympathique qui ont deux actions opposées. Le premier gère la réponse au stress. Il induit une action de fuite ou de combat. Il engendre l'accélération des rythmes cardiaque et respiratoire et augmente la tension et la transpiration, entre autres… À l'opposé, le second induit une réponse de relaxation. Ces concepts ont l'air bien complexes mais ce qui est important à retenir c'est que la respiration active le système parasympathique (relaxation) et empêche l'activation du système sympathique. Après quelques respirations en pleine présence, le rythme cardiaque s'apaise, l'adrénaline et le cortisol sont quasi réduits à néant, votre tension artérielle diminue. Essayer la respiration pour se calmer et faire redescendre le stress, c'est l'adopter !

### Ma respiration carrée

La technique de la « respiration carrée » issue de la tradition hindoue est hyper efficace. En sanskrit, son nom *samavritti* se traduit en combinant les concepts de similarité (*sama*, qui veut dire « égal ») et de mouvement (*vritti*, qui veut dire « flux »). Autrement dit, on pratique une respiration décomposée en 4 parties de durées égales. Il s'agit là d'une technique simple et d'une efficacité redoutable, hyper apaisante, idéale pour les débutantes.
L'exercice de la respiration carrée favorise l'oxygénation sanguine et booste le système nerveux végétatif qui gère les fonctions automatiques du corps (les battements du cœur, la digestion, la vascularisation, la sudation…). Grâce à cette pratique, vous apprendrez à mieux contrôler votre diaphragme (le principal muscle situé entre l'abdomen et le thorax, corrélé à la respiration) qui, s'il est trop tendu, est à l'origine de bien des maux (oppression, stress, angoisses, peurs…).

*Comment pratiquer ?*

Imaginez que vous dessinez un carré. Durant l'inspiration sur 4 secondes, vous dessinez un côté. Vous retenez votre souffle sur le 2e côté durant 4 secondes, vous expirez sur le 3e côté durant 4 secondes et vous retenez votre souffle sur le 4e côté pendant 4 secondes. Refaites l'exercice 4 fois.

### Ma cohérence cardiaque antistress

Une variante plus perfectionnée nous vient des États-Unis. Le concept de cohérence cardiaque, directement issu des recherches médicales en neuroscience et en neurocardiologie, est vanté par

l'institut HeartMath pour son efficacité sur la gestion du stress. Les docteurs David Servan Schreiber et David O'Hare l'ont importée en France. Aujourd'hui, les bienfaits de la cohérence cardiaque ne sont plus à démontrer, tant à court terme qu'à moyen terme. Apaisement, augmentation des ondes alpha qui favorisent la mémoire mais aussi la coordination, diminution de l'hypertension artérielle, augmentation de l'ocytocine (hormone de l'amour), meilleure récupération ne sont que quelques effets dans la longue liste de tous ses bénéfices. Elle crée un effet de détente physique et émotionnelle en équilibrant le cortisol, l'hormone du stress. Elle facilite la gestion du stress, de l'anxiété et des émotions.

***Comment pratiquer ?***

Asseyez-vous confortablement et testez l'exercice de respiration nommé « 3-6-5 » : 3 fois par jour, faites 6 respirations, comptées sur 5 temps (5 secondes à l'inspiration par le nez et 5 secondes à l'expiration par la bouche). Elle est simple et facilement réalisable chaque jour, à tout moment !

***Quand ?***

Comme tous les exercices, plus vous pratiquerez et plus ses bienfaits seront visibles. Il est recommandé de faire 3 sessions par jour espacées de quatre heures. La première au moment du lever : c'est là que la sécrétion de cortisol est la plus importante. La deuxième avant de déjeuner pour évacuer le stress de la matinée et préparer l'organisme à la digestion. La troisième en milieu ou en fin d'après-midi pour préparer la soirée. Vous pouvez aussi choisir de faire la dernière au moment de vous coucher : à vous le sommeil réparateur !

## Un dialogue avec moi-même…

L'exercice suivant va vous permettre d'observer votre mode de fonctionnement face à vos émotions. Comprendre comment elles se manifestent lors de diverses expériences est un bon moyen de repérer leurs déclencheurs et leurs premiers signes pour mieux les anticiper. Avec un peu d'entraînement, vous pourrez les sentir arriver, les accueillir comme une vague qui va se retirer sans vous submerger.

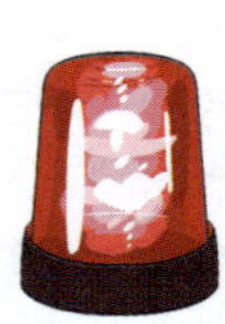

**Comment faire ?**

Cet exercice demande de prêter attention à vos sensations physiques. Une fois que vous les aurez identifiées, vous pourrez reconnaître l'émotion qui y est associée et commencer à la maîtriser. Pour ce faire, notez ce qui se passe à l'intérieur de vous juste avant que l'émotion n'arrive.

Par exemple : une situation vous met en colère.

1. Remarquez la sensation corporelle qui accompagne la colère. Est-ce que ce sont des fourmillements ? Une oppression au niveau de la poitrine ? Une sensation de chaleur ? Un nœud dans le ventre ?
2. Situez la sensation dans votre corps. Peut-être dans la tête ? Le ventre ? Le plexus solaire ?

3. Demandez-vous à présent de quoi vous auriez besoin pour faire passer cette colère juste avant qu'elle n'éclate ? Qu'est ce qui peut vous aider à la regarder passer sans vous attarder dessus ? Qu'est-ce qui vous manque ? De crier ? De décharger le trop-plein émotionnel en allant courir, en bougeant, en tapant dans un coussin ?
4. Une fois que vous aurez trouvé, passez à l'action. Et si vous n'y parvenez pas cette fois-ci, demandez-vous si, la prochaine fois que vous remarquerez la sensation annonciatrice de colère, vous pouvez utiliser ce moyen pour anticiper la crise qui vous guette...

Je vous invite à faire cet exercice en observant vos différentes émotions (une après l'autre bien entendu) et dans plusieurs situations. Observer ses émotions quotidiennement, c'est se donner la possibilité de ne pas se laisser déborder.

| | Quelle sensation accompagne mon émotion ? (fourmillements, chaleur...) | À quel endroit du corps ? | De quoi aurais-je eu besoin pour m'aider ? | Comment pourrais-je faire pour que ça se passe bien lorsque je me retrouverai dans la même situation ? |
|---|---|---|---|---|
| **Joie** | | | | |
| Expérience 1 | ........................ | ........................ | ........................ | ........................ |
| Expérience 2 | ........................ | ........................ | ........................ | ........................ |
| Expérience 3 | ........................ | ........................ | ........................ | ........................ |
| **Tristesse** | | | | |
| Expérience 1 | ........................ | ........................ | ........................ | ........................ |
| Expérience 2 | ........................ | ........................ | ........................ | ........................ |
| Expérience 3 | ........................ | ........................ | ........................ | ........................ |
| **Peur** | | | | |
| Expérience 1 | ........................ | ........................ | ........................ | ........................ |
| Expérience 2 | ........................ | ........................ | ........................ | ........................ |
| Expérience 3 | ........................ | ........................ | ........................ | ........................ |

| | Quelle sensation accompagne mon émotion ? (fourmillements, chaleur...) | À quel endroit du corps ? | De quoi aurais-je eu besoin pour m'aider ? | Comment pourrais-je faire pour que ça se passe bien lorsque je me retrouverai dans la même situation ? |
|---|---|---|---|---|
| **Colère** | | | | |
| Expérience 1 | ............ | ............ | ............ | ............ |
| Expérience 2 | ............ | ............ | ............ | ............ |
| Expérience 3 | ............ | ............ | ............ | ............ |
| **Dégoût** | | | | |
| Expérience 1 | ............ | ............ | ............ | ............ |
| Expérience 2 | ............ | ............ | ............ | ............ |
| Expérience 3 | ............ | ............ | ............ | ............ |
| **Surprise** | | | | |
| Expérience 1 | ............ | ............ | ............ | ............ |
| Expérience 2 | ............ | ............ | ............ | ............ |
| Expérience 3 | ............ | ............ | ............ | ............ |

## Help, je suis perfectionniste et control freak !

Tous les enfants, hypersensibles ou non, ont un besoin inné d'être reconnus et valorisés par leurs parents. Le cercle s'élargit rapidement aux enseignantes et enseignants, puis, en grandissant, ce besoin de validation s'applique à son responsable, à sa compagne ou à son compagnon, et, enfin, à la société dans son ensemble. En tant qu'hypersensible, vous avez certainement entendu certaines remarques toute votre enfance : « Tu es trop ceci – agitée, speed, bruyante, émotive... », « tu n'es pas assez cela – sage, calme, tranquille... ».

Tout ce que vous désirez, pour être enfin reconnue, valorisée, aimée... c'est être comme il faut dans le regard des autres, c'est-à-dire parfaite ! L'attitude de prédilection des hypersensibles, c'est la recherche de perfection.

## Hypercontrôle : comment ça marche ?

Dans le doute, ne sachant pas précisément ce que vous devez modifier dans vos comportements pour être digne d'être aimée, vous tentez de maîtriser absolument tout. Être perfectionniste, c'est votre fléau, vous en devenez même control freak ! Vous adapter à tout et à chacun est votre mission, quitte à y laisser votre santé. Le cerveau de l'hypersensible est en état de veille permanente. Il ne fait pas la distinction entre des informations importantes et d'autres qui le sont moins. Il ne veut rien laisser échapper, il a besoin de tout comprendre, de tout analyser. Parce qu'il a la fausse impression que, s'il veille au grain, il peut prendre le contrôle de ce qu'il l'entoure, et, ainsi, que rien de négatif ne peut lui arriver ! Votre cerveau tente tant bien que mal d'analyser l'ensemble des situations jusqu'à ce que le néocortex (la partie spécifique du cerveau qui analyse chaque chose) soit saturé et que le fusible saute… À partir de là c'est la catastrophe : fatigue, stress, épuisement, vous êtes à bout.

Cette recherche vaine de perfection vous donne la sensation de n'être jamais à la hauteur : vous vous autosabotez, développant un syndrome de l'imposteur (théorie qui induit une forme de doute systématique chez les personnes qui en souffrent, un propension à nier tout mérite dans son accomplissement, qu'il soit professionnel ou privé). Pourquoi seriez-vous légitime si vous n'êtes bonne à rien ?

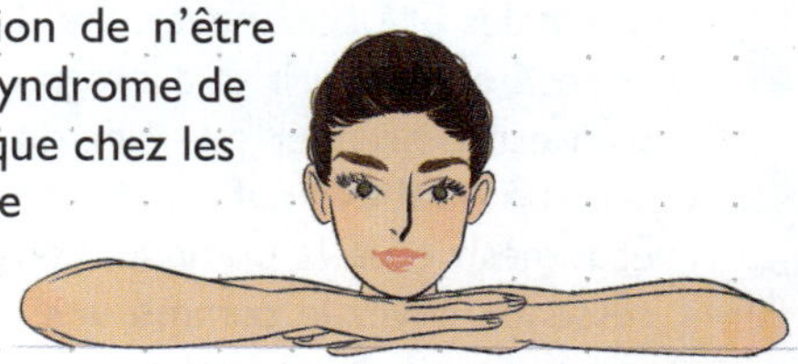

## Oser être enfin soi !

Mais cette quête de perfection est un leurre. Non seulement cette dernière n'existe pas, mais s'adapter à tout le monde, c'est renoncer à être soi. C'est entretenir l'illusion que votre valeur ne peut être définie que par les autres alors que seule l'estime de vous-même peut nourrir votre identité et votre sentiment de sécurité ! Il est temps d'arrêter de faire le caméléon en espérant vous sentir enfin aimée, reconnue et valorisée par tous sans exception. Cessez de croire que c'est la clé d'une vie heureuse. Le moment est venu d'accepter de vous tromper, de tâtonner, d'accepter d'être vous-même, de voir à quel point vous avez de la valeur, à quel point vous êtes unique… et promis, plein de gens le reconnaîtront ! Prenez le risque, osez être vous-même !

### Alors, comment fait-on ?

La quête de soi demande un peu de temps et entraîne sans doute son lot d'hésitations et d'agacements… Pour accepter votre mode de fonctionnement, votre particularité, vous allez devoir considérer votre vie à l'aune de l'hypersensibilité. Vous comprendrez ainsi que les choix que vous avez faits jusque-là étaient gouvernés par elle. Vos amitiés, vos amours, votre vie professionnelle, chacun de vos choix, les bons comme ceux qui vous paraissent déraisonnables sont autant de manifestations de votre hypersensibilité. Vous connaître, c'est d'abord vous questionner sur vos besoins, vos valeurs, vos envies, sur ce qui vous anime.

## Mon body scan pour lâcher prise

Le rituel qui suit a pour objectif de vous connecter avec vous-même, à commencer par votre corps. En pratiquant régulièrement le body scan, vous constaterez que vos réactions corporelles sont rarement identiques. Rien n'est jamais parfait, tout bouge. Vous observerez que les sensations, les perceptions et certainement les émotions évoluent. Acceptez de regarder les choses changer sans tenter de les maîtriser ! Pendant l'exercice, prenez les situations de confort et d'inconfort comme elles viennent. Soyez qui vous êtes, tout simplement.

### Le body scan, c'est quoi ?

Le body scan est un exercice issu du MBSR, le programme de réduction du stress basé sur la pleine conscience créée par Jon Kabat-Zinn (voir p. 17) qui s'appuie sur des traditions méditatives orientales et occidentales. Ce dernier invite, pendant huit semaines et grâce à un entraînement intensif, à découvrir et à intégrer la méditation de pleine conscience dans son quotidien. Le body scan est le premier exercice du programme. En voici une version légèrement adaptée. Pour en faire un outil évolutif, notez chaque jour les différences ou les similarités de perception. Au fur et à mesure de la pratique, vous serez de plus en plus indulgente avec vous-même et avec vos ressentis. Vivez-le comme une expérience : vous ne pouvez rien rater ni réussir. Ce sont bien vos perceptions et leur évolution qui nous intéressent. Ce sont sur elles qu'il s'agit d'agir pour réduire le stress et modifier votre rapport au besoin de contrôle. Accepter de remarquer les choses sans tenter de les modifier, c'est commencer à lâcher prise, et ça change la vie ! Parvenir à accepter ce qui vient en tant que tel est la première étape vers l'acceptation de soi !

### Combien de temps ?

Pour que ce body scan soit encore plus efficace, nous vous conseillons vivement de le répéter tous les jours pendant au moins 21 jours. L'objectif est d'en faire une habitude, car alors cela ne vous demandera plus d'effort pour pratiquer régulièrement. Les rituels jouent un rôle essentiel chez les hypersensibles : ils aident à s'apaiser, à intégrer de nouveaux schémas de pensée et de nouvelles habitudes en évitant de se sentir en permanence dépassée ou saturée. Pour ancrer une habitude et la faire sienne, on dit que le cerveau a besoin de 21 jours ! Afin de faciliter la mise en place de l'habitude, pratiquez toujours l'exercice de la même façon.

**De quoi ai-je besoin ?**
D'un endroit confortable. Installez-vous dans votre lit pour faire taire les pensées parasites au moment du coucher et améliorer l'endormissement.

**Comment pratiquer ?**

1. Inspirez et expirez trois fois très profondément. Vous êtes prête à ressentir tout ce qui se passe dans votre corps le plus naturellement du monde.
2. Commencez par les orteils du pied gauche et posez-vous la question : « Qu'est-ce que je ressens dans cette zone ? » Une seule bonne réponse, la vôtre, rien de plus. Remarquez peut-être la texture du drap contre votre peau, des picotements, ou peut-être rien du tout, et c'est très bien aussi !
3. Remontez progressivement dans chaque partie de votre corps, des pieds à la tête : visitez le dessus du pied gauche, puis le dessous, l'intérieur de la cheville gauche, l'extérieur, le tibia gauche, le mollet gauche, le dessus du genou, l'intérieur, le dessus de la cuisse, le dessous puis le bassin.
4. Faites le même exercice du côté droit.
5. Il y a fort à parier que vous vous serez endormie en cours de route, mais ce n'est pas grave ! Si vous êtes toujours éveillée, concentrez-vous sur le ventre, la poitrine, le plexus solaire, les doigts de la main gauche, le poignet, l'avant-bras, le bras…
6. … puis passez du côté droit et remontez de la nuque au haut du visage.

## Help, je souffre du syndrome de l'imposteur

### Suis-je légitime ?

« Je ne mérite pas ce job », « j'y arriverai jamais », « c'est par chance que j'ai réussi »… Toutes ces petites phrases vous sont sans doute familières ! La sensation de n'être jamais légitime et d'avoir toujours quelque chose à prouver y est associé. Le besoin, par exemple, de faire quantité de formations pour acquérir de nouvelles compétences avant de vous lancer dans un nouveau projet. Le syndrome de l'imposteur, c'est lui : l'impression profonde de n'être jamais à votre place, d'être illégitime, avec la crainte que les autres finissent par s'en apercevoir. Nourri par votre immense besoin de reconnaissance et par le fait que vous ne vous accordez que peu de valeur, l'imposteur, lui, prend de plus en plus de place en vous. Ce malotru n'a de cesse de pointer vos peurs, en même temps qu'il grignote votre confiance en vous. Vous l'écoutez, vous le croyez, et il vous est de plus en plus difficile de le faire taire. Peur de mal faire, de se tromper, d'échouer, d'être jugée, de décevoir, de ne pas être reconnue, qu'on ne soit pas fier de vous… : voici quelques-unes des peurs qui le nourrissent. Encore une fois, elles sont déterminées par le regard des autres ! Elles vous bloquent, vous empêchent d'avancer, d'avoir une vision positive de vous-même et de prendre du recul pour apprécier vos talents avec toute l'objectivité nécessaire.

## Je fais taire la petite voix qui me dévalorise

Le critique intérieur, c'est cette petite voix qui vous rappelle sans cesse que vous devez être parfaite, sinon vous ne valez rien ! Évidemment, tout ce qui se réfère à lui n'est pas négatif : il vous permet aussi de modérer vos comportements, de ne pas prendre de décisions hâtives et de peser le pour et le contre avant d'agir. Il vous faut apprendre à vivre en paix avec lui, à reconnaître que son aide est parfois nécessaire, mais que vous avez toute légitimité à tenir le gouvernail de votre propre existence.

### Ma visualisation pour faire la paix avec moi-même

Le but de cet exercice est de faire ami-ami avec cette petite voix qui vous mène la vie dure. Et plutôt que de la combattre, faites alliance avec elle.

*Comment pratiquer ?*

1. Installez-vous confortablement. Inspirez et expirez trois fois profondément.
2. Fermez les yeux, allez dans votre endroit ressource (p. 18). Visualisez les couleurs, imaginez des odeurs, écoutez les bruits. Puis, à votre rythme, imaginez un chemin devant vous qui vous amène vers un endroit ouvert, un endroit où vous pourrez faire une rencontre en toute quiétude.
3. Imaginez l'apparence de votre critique intérieur. Ressemble-t-il à un animal ? une forme symbolique ? Un personnage connu ou non ? Que porte-il, comment est-il ? Quelle tête fait-il ?
4. Approchez-vous un peu de lui et dites-lui que vous savez qu'il est là pour vous protéger, pour vous aider, mais que vous êtes adulte et que vous vous en sortez bien toute seule. Dites-lui que, si vous avez besoin de lui, vous n'hésiterez pas à l'appeler. Rassurez-le en quelque sorte et remerciez-le de prendre soin de vous.
5. Puis, reprenez le chemin que vous aviez emprunté et revenez vous installer dans votre endroit agréable. Lorsque vous serez prête, vous pourrez ouvrir les yeux.

En version audio, c'est ici : https://ludivine-casilli.com/mon-cahier-hypersensible/

# Je prends soin de mon enfant intérieur

Il y a fort à parier que vous avez déjà entendu parler de votre « enfant intérieur ». On ne sait pas toujours très bien qui il est, ni même où il se trouve et encore moins comment l'atteindre… mais son existence n'est plus à prouver. Diverses pratiques permettent de le rencontrer, une aubaine quand on sait à quel point il est important d'y être connectée.

L'enfant intérieur représente une partie de nous-même : celle qui nous permet d'être créative, spontanée, joyeuse, animée par les jeux et les plaisirs de l'enfance. C'est la partie de nous qui nous donne envie de faire des projets dingues sans nous poser de questions. C'est grâce à notre enfant intérieur que nous pouvons nous exprimer librement, chanter à tue-tête ou danser spontanément sans s'inquiéter du regard des autres.

## Une présence essentielle à notre équilibre psychique

Selon Carl Gustav Jung, un archétype est une structure représentative de l'inconscient collectif que l'on retrouve dans toutes les sociétés humaines, quelle que soit l'époque ou la culture étudiée. L'enfant intérieur est l'un de ces grands archétypes universels.
Il a pris mille formes au fil des siècles et des cultures.
Nous retrouverons ce concept dans d'autres disciplines liées à la psychothérapie et à la construction de la psyché humaine.
En 1960, par exemple, Éric Berne, en analyse transactionnelle, le définit comme l'un des trois statuts de la personnalité humaine, avec l'adulte et le parent. L'enfant intérieur joue un rôle déterminant dans la façon dont nous construisons l'adulte que nous sommes : il nous permet de rester à l'écoute de notre intuition, cette part de nous-même prête à tout oser sans avoir peur.
Connectée à lui, nous sommes cette adulte qui a envie et qui prend plaisir à retrouver les jeux et les sensations de l'enfance : regarder des dessins animés, dessiner, danser, jouer, être libre et spontanée.

## Chouchouter mon enfant intérieur : le secret d'une hypersensibilité bien vécue

Vous l'aurez compris, hypersensible ou pas, chacun d'entre nous doit être relié à son enfant intérieur. Sinon, celui-ci peut avoir l'impression que ses besoins sont niés, que ses émotions et sa spontanéité ne sont pas pris en compte. C'est lui qui crie lorsque l'émotion est trop forte, ingérable. C'est lui qui lance un signal d'alerte lorsque vous n'allez pas bien et que vous n'êtes plus alignée avec vous-même. Ce signal peut prendre la forme de douleurs (maux de ventre, oppression dans la poitrine, maux de dos et de nuque…) et/ou de stress. L'enfant en vous peut également avoir refoulé des émotions trop fortes, ce qui occasionne certaines blessures (d'abandon, d'injustice, de rejet, d'humiliation, de trahison) qui peuvent se répercuter dans votre vie d'adulte. Ce sont précisément ces blessures qui pèsent sur l'être hypersensible que vous êtes ! L'enfant intérieur joue un rôle déterminant dans la façon dont vous construisez l'adulte que vous êtes. Ce sont peut-être ces blessures anciennes qui causent votre stress.

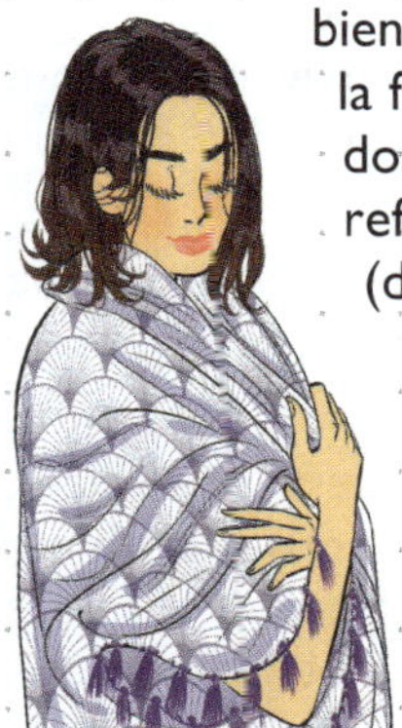

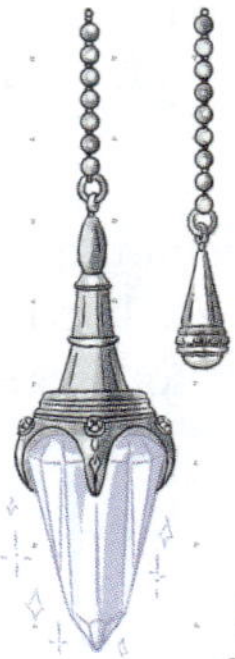

## Ma séance d'autohypnose : à la rencontre de mon enfant intérieur

Certains exercices d'hypnose ou d'autohypnose permettent d'aller à sa rencontre, d'écouter ses besoins, ses souffrances peut-être, et de lui faire savoir que vous allez prendre soin de lui. Plus vous vous connecterez à lui pour en prendre soin, plus vous serez en accord avec vous-même, pleinement alignée, et plus vos émotions s'apaiseront.

**Comment pratiquer ?**

1. Installez-vous confortablement, assise ou allongée. Mettez une musique douce, allumez une bougie et fermez les yeux. Inspirez et expirez profondément trois fois.
2. Au rythme de votre respiration, rendez-vous dans votre endroit ressource (p. 18), ce lieu idéal où vous vous sentez bien, en sécurité, en confiance. Parfaitement installée, imprégnez-vous de toute la bienveillance et de la douceur de cet endroit.
3. Imaginez ensuite un chemin et empruntez-le. Laissez votre imagination vagabonder, les images venir à vous, sans contrôle.
4. Au bout de ce chemin, imaginez que vous découvrez une porte. Lorsque vous serez prête, ouvrez cette porte et découvrez le monde de votre enfant intérieure. Appréciez cet endroit agréable, les couleurs, les bruits, les sensations, les odeurs...

5. En vous promenant dans cet endroit, vous allez voir apparaître votre enfant intérieure. Elle a tout au plus 7 ans. Lorsque vous la verrez, remarquez ce qu'elle porte, ce qu'elle est en train de faire, ce à quoi elle joue. Progressivement, vous pouvez vous approcher d'elle et lui demander de quoi elle a besoin.
6. Écoutez-la et dites-lui que vous allez lui apporter tout ce dont elle a besoin, que vous êtes là pour prendre soin d'elle et pour l'aimer.
7. Dites-lui que vous êtes heureuse de la rencontrer, que vous avez confiance en elle, que vous allez l'aider à s'épanouir pleinement. Dites-lui également que vous êtes fière d'elle. Que vous êtes là pour la soutenir

et qu'elle n'a plus besoin d'avoir peur. Prenez la dans vos bras, apportez-lui de l'amour, laissez son énergie, sa joie, sa spontanéité vous envahir et ressentez également tout l'amour qu'elle vous apporte.

8. Puis serrez-la encore plus fort dans vos bras, prenez conscience de la puissance de vos énergies, de tout cet amour, cette joie, cette confiance partagés. Imaginez que votre énergie et la sienne fusionnent pour ne plus faire qu'une. Une énergie de vie, de joie, d'amour ! Laissez-la se diffuser partout dans votre corps, dans votre cœur, dans votre plexus solaire. Appréciez tout ce qu'elle vous apporte, à chaque inspiration et à chaque expiration, remplissez-vous de toute cette force.
9. À présent, dites-lui au-revoir en la serrant dans vos bras. Dites-lui, que vous savez qu'elle est là, que vous allez faire attention à elle, l'écouter et revenir lui parler régulièrement. Dites-lui que vous lui faites confiance et que vous êtes fière d'elle.
10. À votre rythme, quand vous serez prête, bougez vos mains, vos pieds, puis le dos, la nuque. Tout doucement, revenez ici et maintenant et ouvrez les yeux. Buvez un grand verre d'eau.

En version audio, c'est ici : https://ludivine-casilli.com/mon-cahier-hypersensible/

## Je booste ma confiance en moi

Être une hypersensible heureuse, être une femme heureuse, c'est notamment avoir confiance en vous, en qui vous êtes, en vos talents, en vos émotions et en votre empathie. C'est croire en votre intuition et en votre force de vie. Cessez de jouer les caméléons. Ça ne fonctionne pas ! Votre assurance, gagnez-la en vous aimant, en acceptant de vous regarder autrement et de laisser vos ailes se déployer. Il n'est pas question de tout bouleverser du jour au lendemain, toutefois, il y a quelques étapes indispensables. Faire preuve de bienveillance avec vous-même en fait partie. Vous allez pouvoir commencer à découvrir, palier après palier, celle que vous êtes vraiment sans avoir besoin de l'approbation des autres. Associer la quête d'une inaccessible perfection à celle d'une approbation illusoire ne vous mène qu'à vous autosaboter. Quel dommage ! Si seulement vous saviez à quel point vous n'avez rien à envier aux autres.

### 5 raisons d'être fière de vous

L'objectif de cet exercice est de commencer à booster votre confiance en vous en réalisant que vous avez déjà fait des tas de choses bien dans votre vie qui vous ont conduite là où vous êtes aujourd'hui !

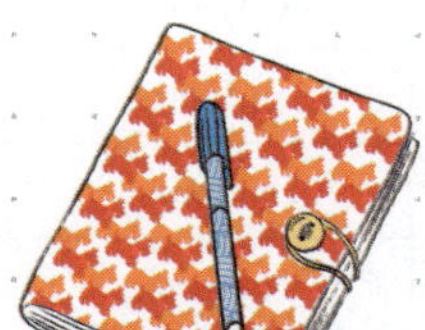

### Comment faire ?

Listez au moins 5 choses que vous avez faites qui vous rendent fière de vous.

1. ..........

2. ..........

3. ..........

4. ..........

5. ..........

Chaque fois que vous vous douterez de vous et de vos acquis, ressortez et relisez cette liste, prenez conscience de tout ce que vous recelez de positif ! Félicitez-vous, célébrez-vous et dites-vous que si vous avez déjà réussi, il y a fort à parier que vous réussirez encore et encore !

## Je m'offre un shoot de love...

Ah, cette satanée peur de ne pas être reconnue, qu'on vous trouve nulle, qu'on ne vous aime pas ! Avec cet exercice, vous allez prendre un shoot d'amour rien que pour vous !

### Comment faire ?

Contactez trois personnes de votre entourage qu'on pourrait appeler « dream team » : famille ou amis, sélectionnez-les parce qu'elles ont toujours été bienveillantes avec vous et que vous avez pleinement confiance en elles. Envoyez leur une photo du tableau ci-dessous en leur demandant quelles qualités elles vous trouvent. Du positif, rien que du positif, pour faire taire votre côté perfectionniste…

| | | | | |
|---|---|---|---|---|
| accessible | bienveillante | efficace | humaine | modeste |
| accueillante | brillante | empathique | humble | motivée |
| adroite | calme | endurante | imaginative | objective |
| aidante | captivante | énergique | impartiale | obstinée |
| aimable | conciliante | épanouie | impulsive | optimiste |
| ambitieuse | confiante | exemplaire | indulgente | polie |

| | | | | |
|---|---|---|---|---|
| amusante | courageuse | extravertie | intelligente | prévenante |
| apaisante | créative | ferme | intuitive | pugnace |
| appliquée | curieuse | fidèle | joueuse | raisonnable |
| assertive | délicate | flexible | joviale | réfléchie |
| astucieuse | dévouée | forte | joyeuse | sereine |
| attentionnée | disciplinée | gaie | juste | solide |
| audacieuse | douce | gentille | leadeuse | souple |
| autonome | droite | habile | logique | sympathique |
| avenante | drôle | hardie | loyale | tenace |
| belle | dynamique | honnête | lucide | tolérante |

## L'état de flow pour calmer mon cerveau et reprendre confiance en moi

En psychologie positive, on atteint l'état de flow lorsque, totalement absorbée par une tâche, on est un peu en état d'hypnose. Le psychologue Mihaly Csikszentmihalyi fut, en 1975, le premier à cerner les contours de ce concept qui pourrait aussi bien se traduire par « aisance naturelle » ou fluidité. Face à certaines tâches pour lesquelles nous avons des prédispositions, l'idée de fournir un effort pour nous dépasser ne pose pas de problème. La concentration est alors à son maximum, et nous nous sentons pleinement accomplie. Par exemple, une cuisinière passionnée peut passer des heures à confectionner des petits plats sans jamais se sentir contrainte… et que dire de la façon attentionnée avec laquelle vous entretenez vos plantes sans voir défiler le temps !

L'état de flow vous permet d'être concentrée sur le moment présent, de perdre la notion du temps, d'éprouver une satisfaction totale tout en réalisant une activité qui vous fait vibrer. Le moment est tellement fort que vous pouvez même en oublier vos autres besoins. Le flow, c'est le bonheur absolu !

**Qu'est-ce que la psychologie positive ?**
Mise en avant par Martin Seligman, c'est une discipline de la psychologie qui s'intéresse au bien-être et à la santé. Elle travaille à comprendre comment fonctionnent les gens qui vont bien afin de mettre les outils qu'ils utilisent au service de tout le monde.

## Un booster de good vibes !

L'état de flow est essentiel pour les hypersensibles, dont le cerveau va à 1 000 à l'heure, ne s'arrête jamais, et passe d'une idée à l'autre de façon souvent désordonnée. L'atteindre permet de mettre votre cerveau au repos. Ce dernier porte alors toute son attention sur l'activité-plaisir que vous êtes en train de pratiquer et arrête temporairement d'élaborer des théories. L'état de flow, c'est quand vous ne pensez plus et ne cherchez plus à contrôler. Pour une hypersensible, c'est l'activité feel good par excellence ! Vous allez pouvoir vous reposer, reconstituer votre réserve d'énergie et nourrir votre estime et votre confiance en vous. Niveau émotions, vous ressentirez une joie à nulle autre pareille, entièrement dédiée à l'activité du moment. Votre cerveau, baigné d'endorphine et de dopamine, sera apaisé. Quand vous aurez trouvé cette zone magique, vous constaterez à quel point elle est salvatrice pour votre bien-être général.

## Où trouver ma source de flow ?

Réfléchissez aux choses que vous aimez faire et qui peuvent vous transporter dans un état de concentration et de satisfaction. Peindre ? Faire de la poterie ? Du graphisme ? Créer des bijoux ? Cuisiner ou jardiner ?
Si vous cherchez l'inspiration, demandez-vous ce qui vous donne envie de vous lever le matin ou dressez une liste détaillée de toutes les petites choses qui vous mettent dans cet état pour pouvoir vous y plonger lorsque vous aurez un coup de mou.
Si aucune occupation particulière ne vous vient à l'esprit, pratiquez les activités que vous aimiez lorsque vous étiez petite (dessiner, chanter à tue-tête, danser…), elles vous connecteront directement à votre élan créatif, au plaisir et à la joie.
Pensez à intégrer ces activités à votre agenda au même titre que vos autres tâches quotidiennes.

**La règle des 80/20**
Autorisez-vous tous les jours 20 % de temps de vide dans votre agenda. Notez-le précisément. C'est l'une des règles qu'utilisent les habitants d'Okinawa au Japon. Résultat : ils vivent très vieux et en bonne santé.

## 5 activités pour atteindre un état de flow

### 1. Je lis un livre qui me fait vibrer

S'embarquer dans une autre histoire, se laisser porter par les personnages, laisser aller son imagination, voilà un état de flow comme on les aime. En bonne hypersensible, vous allez pouvoir facilement recréer l'ambiance, vous approprier les sensations qui sont racontées sans voir le temps passer.

Et si vous écriviez la vie idéale dont vous rêvez ? Quelle en serait l'histoire ? Si vous osiez la raconter, sans peur, que se passerait-il ?

**2. Je me lance dans la couture DIY**

Non seulement ces activités créatives sont hyper tendance, mais en plus ce sont les reines du flow ! Essayez de penser à autre chose au moment de compter vos mailles, vous allez voir la catastrophe ! Voilà une activité où vous devez être complètement présente à vous-même ! Sans compter que fabriquer quelque chose de vos mains à partir de rien reste hyper jubilatoire. Lancez-vous et faites-vous plaisir !
Fabriquez des petits objets simples (pochettes, sacs, bijoux…) que vous pourrez offrir à vos amies, qui seront ravies, et appréciez les bienfaits du partage. Double effet kiss cool !

**3. Je colorie des mandalas**

Le mot *mandala* vient du Sanskrit et signifie « cercle ». C'est un dessin qui suit des lignes géométriques précises. Celles-ci influent sur le cerveau : en coloriant le mandala de l'extérieur vers l'intérieur vous allez vous recentrer et vous couper des sollicitations extérieures, un excellent moyen d'améliorer votre concentration et votre créativité. Dans ce processus, les deux hémisphères du cerveau agissent ensemble, la partie droite gère les émotions, tandis que la gauche traite la logique. L'action simultanée des deux hémisphères crée un sentiment de bien-être, d'autant plus renforcé par la mise en veille de l'amygdale, glande du cerveau responsable du stress. Avec une activité aussi ludique que le coloriage, vous allez enfin vous sentir relaxée ! Testez avec le modèle p. 40 !

**4. J'écris des haïkus**

Le haïku est un poème japonais court qui célèbre la vie et toutes les sensations qui s'y rapportent. Il se décline toujours de la même façon et ne comporte pas forcément de rime. C'est un instantané du quotidien et un chouette exercice autour des émotions. Il se décompose en 17 syllabes sur 3 lignes. La première a 5 syllabes, la deuxième 7 syllabes et la troisième à nouveau 5.
Quand on est hypersensible, il y a tellement de choses à dire !

*Pluie de printemps -*
*Toute chose*
*Embellit.*
(Chiyo-Ni)

*Matin du premier jour -*
*Dans le poêle*
*Quelques braises de l'an passé.*
(Katô Gyôdai)

*Votre mandala à colorier (voir p. 39)*

Écrire ses émotions débordantes sous forme de haïku, sur l'instant, c'est déjà commencer à les regarder avec un peu de recul sans se laisser envahir. Si l'exercice vous paraît difficile parce que vous n'êtes pas à l'aise avec les mots, commencez par écrire de manière automatique sans compter les syllabes. Pensez que ce qui est à l'extérieur, ce qui est exprimé, ne vous parasite plus !

*À vous !*

.........................................................................................................

.........................................................................................................

.........................................................................................................

.........................................................................................................

.........................................................................................................

**5. Je danse au rythme d'une chorégraphie endiablée !**

En vous connectant à votre corps par le mouvement, et parce que la musique berce et stimule en même temps les systèmes nerveux et immunitaire, la danse est une activité qui met ses adeptes dans un pur état de flow ! Mettez en avant votre féminité ! Redressez la tête, baissez les épaules, sortez la poitrine ! L'équilibre, la coordination, la mémoire, la mobilité, la fluidité… votre corps et votre cerveau s'en trouvent joyeusement stimulés. Même si vous n'êtes pas une star de la piste, la pratique de la danse renforce votre confiance en vous. Seule ou avec d'autres, osez danser et profiter pleinement de l'instant présent ! Si vous êtes timide, mal à l'aise avec votre corps ou peu habituée à vous lâcher, n'en faites pas une excuse pour zapper cette activité. Même si vous vous trouvez ridicule, insistez jusqu'à ce que votre rythme cardiaque s'accélère naturellement. Vous allez être surprise par le sentiment de soulagement qui s'ensuit. Testez cette chorégraphie simple pour vous faire plaisir en oubliant perfection, jugement et toutes les émotions désagréables qui vont avec ! Danser, c'est joyeux, stimulant, relaxant. C'est voir son corps autrement, se reconnecter avec ses ressentis.

***Chorégraphie sur* Let's hear it for the boy, *de Deniece Williams, dans le film* Footloose *de Herbert Ross (1984)***

Introduction de la chanson :

A. Tapez dans vos mains pour vous mettre dans l'ambiance !

B. Faites un pas à droite puis un pas à gauche. Recommencez 4 fois.

C. Faites rouler votre bassin en comptant jusqu'à 8.

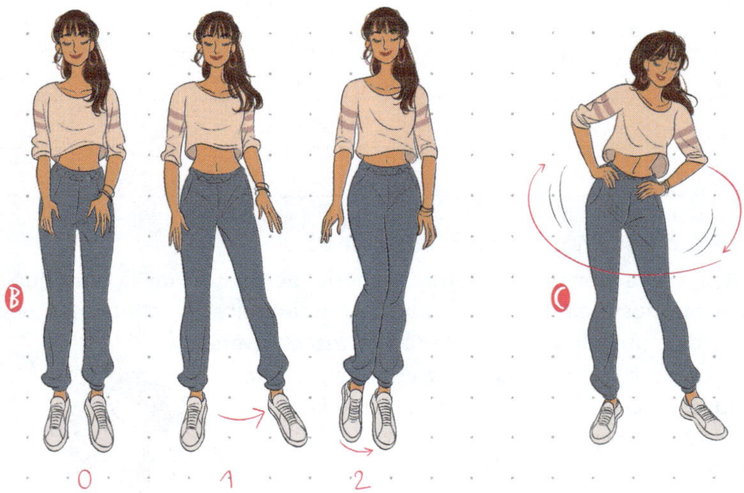


D. « Déboulez » votre bassin à gauche puis « déboulez » à droite (débouler, c'est faire un demi-tour sur soi-même en marchant) : ouvrez votre pied gauche, faites un demi-tour puis continuez en faisant un autre demi-tour. Revenez à votre point initial en faisant pareil vers la droite.

E. Enchaînez avec des pas de rumba : faites un pas sur le côté avec le pied gauche en relâchant bien le bassin. Soulevez le pied droit et reposez-le. Ramenez le pied gauche. Faites un pas sur le côté avec le pied droit en relâchant bien le bassin. Soulevez le pied gauche et reposez-le. Ramenez le pied droit. Refaites ce pas de rumba une autre fois.

Premier couplet :

F. Mambo : faites un pas en avant avec le pied gauche. Soulevez le pied droit et reposez-le. Le pied gauche revient à côté du pied droit. Faites un pas en arrière avec le pied droit, soulevez le pied gauche et reposez-le. Ramenez le pied droit à côté du pied gauche. Refaites la chorégraphie encore une fois.

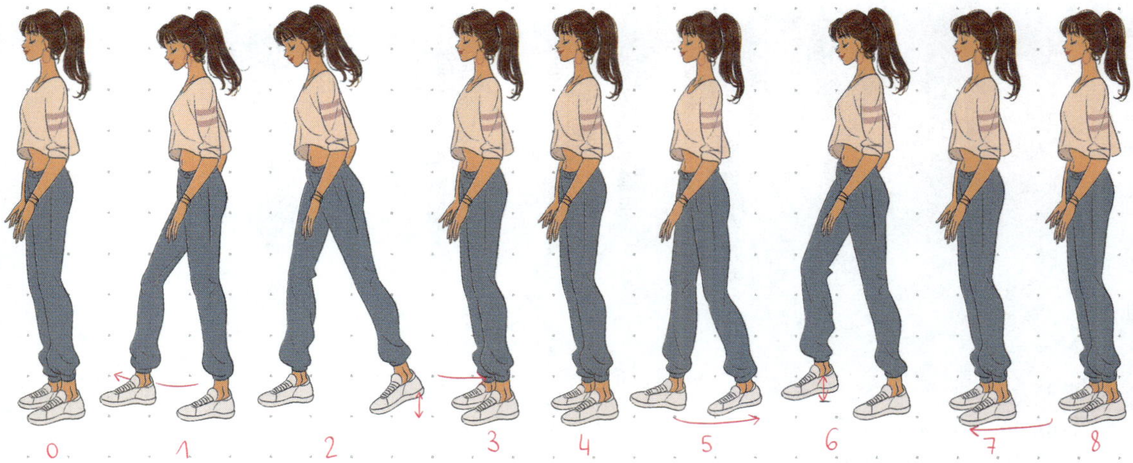

G. Faites un tour sur vous-même en comptant jusqu'à 8 ! N'allez pas trop vite !

H. Fente : ouvrez la jambe gauche en pointant le pied et en pliant un peu la jambe droite. Faites joliment glisser votre bras sur la jambe qui est tendue et remontez-le à la taille.

I. Déplacez-vous à petits pas 8 fois en avant puis 8 fois en arrière, toujours à petits pas.

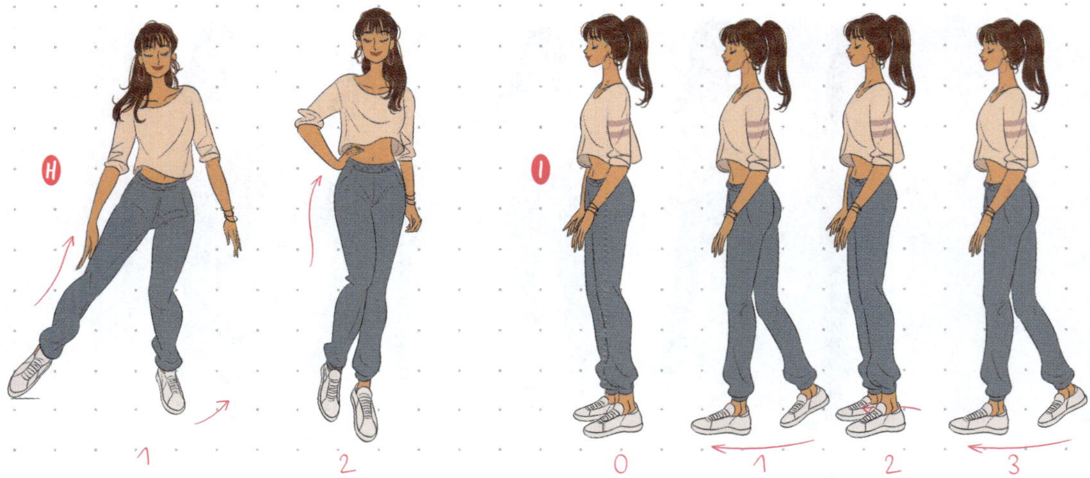


J. Carré : croisez la jambe droite devant la jambe gauche, faites un pas en arrière avec la jambe gauche, replacez la jambe droite à côté de la jambe gauche puis avancez la jambe gauche. Refaites la chorégraphie encore une fois.

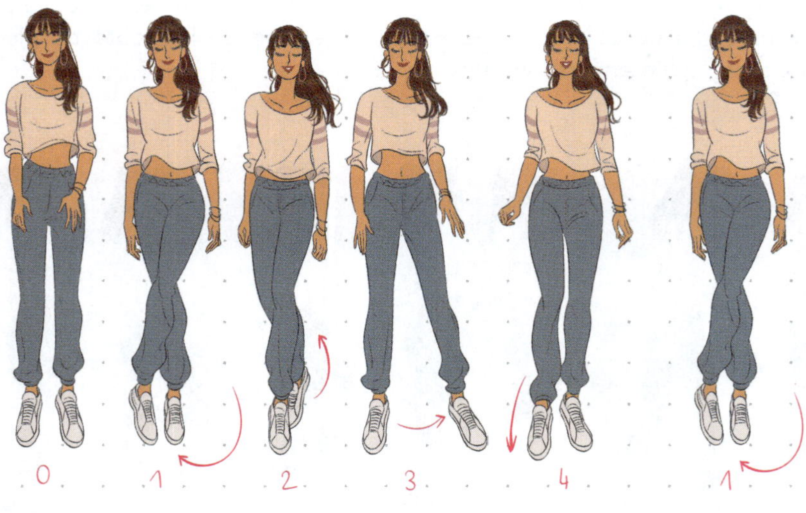


Refrain :

K. Tournez sur vous-même ! Sautez en l'air ! Profitez de ce moment de joie pour sentir à quel point il est bon de bouger !

Créez votre playlist good vibes ! À écouter sans modération les jours où votre moral est en berne !

CHAPITRE 3

# MON HYPERSENSIBILITÉ ET MES RELATIONS

Vous l'avez compris, être hypersensible peut être épuisant ! Et s'il y a un bien un domaine où la sensibilité peut être malmenée, c'est celui des relations. Au boulot, en famille ou avec les amis, chaque hypersensible se trouve confronté à la même problématique : être empathique à l'excès, aimer et être aimée ! Vous passez beaucoup de temps à faire en sorte que tout le monde vous apprécie. Et il vous est parfois difficile d'accepter qu'il peut en aller autrement… Alors vous dites oui beaucoup trop souvent. En tout cas, jusqu'à ce que vous vous rendiez compte du pot aux roses ! Tout accepter n'apporte pas forcément davantage d'amour et peut être toxique et épuisant. Au contraire, c'est déjà renoncer à être qui l'on est, mais c'est aussi se transformer en victime idéale pour toutes les personnes mal intentionnées qui voudraient (consciemment ou inconsciemment) profiter de votre empathie… Dans ce chapitre, découvrez comment fonctionnent votre gentillesse et votre compassion pour en faire des forces. Observez vos émotions et vos besoins, décodez leurs messages et utilisez-les. Expérimentez de nouveaux outils comme la communication non violente (CNV) pour apprendre à dire non de manière saine et pour faire entendre vos désirs et vos besoins. Plus vous mettrez en pratique ce positionnement, plus vous vous respecterez et plus vous vous rendrez compte que les autres vous respecteront également ! Un véritable cercle vertueux qui vous fera un bien fou, vous allez adorer !

## Moi et les autres

Vous êtes une éponge à émotions ! Si quelqu'un va mal, il suffit que vous entriez dans la pièce où celui-ci se trouve pour le sentir immédiatement. Vous ressentez aussi le fort besoin d'agir pour améliorer la situation. Vous êtes intuitive et dotée de grandes

facultés d'adaptation. Vous appréhendez le monde avec finesse et intelligence. Vos choix sont ceux du cœur. C'est lui qui dicte toutes vos décisions que ce soit avec votre équipe, vos ami(e)s, votre famille ou en amour.

Vous êtes une épaule rassurante pour vos proches, cependant vous avez tellement besoin de reconnaissance et d'amour que vous avez du mal à leur dire non. En vous penchant davantage sur la question, vous réaliserez que vous n'avez pas besoin de vous conformer ainsi dans le seul but de plaire.

## Introvertie, extravertie, ambivertie, qui suis-je ?

Avant même de parler de votre rapport aux autres, il est capital que vous compreniez quel est votre mode de fonctionnement. Avec votre nature hypersensible et selon les circonstances, le yoyo de vos émotions ou votre état de fatigue, vous pouvez tour à tour être extravertie ou introvertie. Sans peut-être même vous en rendre compte. Aucun de ces comportements n'est meilleur que l'autre ! Cependant, savoir identifier votre nature selon les situations vous permettra de prendre les décisions qui s'imposent pour votre bien-être.

### C'est quoi ?

Si on se réfère aux travaux du psychanalyste Carl Gustav Jung, l'introversion comme l'extraversion sont des traits de caractère. La première ramènerait à une forme d'intériorité (émotions, sentiments, ressentis) quand la seconde porterait à se tourner vers l'extérieur (expériences, personnes). Mais on ne saurait attribuer les émotions seulement aux introverties et la sociabilité seulement aux extraverties. Selon les études récentes, 70 % des personnes hypersensibles seraient introverties et 30 % extraverties. On parle même d'une troisième catégorie : les « ambiverties ». Ces dernières ont autant besoin de moments de solitude que de moments en société, elles aiment tout autant travailler seules qu'en équipe. En tant qu'hypersensible, vous pouvez également vous reconnaître dans ce profil.

### Quizz express : intro, extra ou ambivertie ?

Cochez les propositions qui vous correspondent ! La liste qui comptera le plus de cases cochées déterminera votre profil !

- ☐ Vous parlez à tout le monde ! Chaque rencontre peut devenir un(e) ami(e).
- ☐ Travailler en équipe, brainstormer, c'est votre kif !
- ☐ Echanger avec les autres ? Ça vous booste et vous donne un max d'énergie.
- ☐ Vous lier d'amitié est hyper facile.
- ☐ Vous faites confiance quasi immédiatement.

### Vous êtes de tendance extravertie

Être extravertie vous donne un tempérament gai et léger. Vous vous ressourcez grâce à l'énergie que vous donnez et que vous recevez des autres. Vous prenez donc plaisir à nouer des liens, à créer des contacts. Vous êtes sociable et avez tendance à discuter à bâtons rompus de choses légères parce que vous adorez vous exprimer et partager ! Vous osez vous mettre en action, parler en public, animer des groupes, organiser des événements. Les conversations vous nourrissent, aussi légères soient-elles.

*De quoi avez-vous besoin en tant qu'hypersensible ?*

Attention à l'hyperstimulation. Si vous n'y prenez pas garde, vous allez distribuer votre énergie à tout va… jusqu'à l'épuisement. Vous avez besoin de moments de calme et de solitude pour recharger vos batteries et repartir dans une vie sociale sereine et en forme.

- [ ] Les interactions vous épuisent.
- [ ] Bavardages, small talks, ça vous exaspère !
- [ ] Prendre des risques, très peu pour vous.
- [ ] Les échanges en petit comité, oui, alors que les grandes soirées vous font fuir.
- [ ] Vous adorez anticiper… surtout les problèmes que vous résolvez au cas où ils surviendraient !

### Vous êtes de tendance introvertie

Parfois confondue avec la timidité, l'introversion peut donner l'impression d'une certaine indifférence aux rapports humains. Il n'en est rien ! Vous avez simplement tendance à vous mettre en retrait. Vous écoutez davantage que vous ne parlez et vous préférez les relations intimes aux grands groupes. Ce trait de caractère peut vous donner envie de quitter soudainement une soirée où il y a trop de monde et/ou trop de bruit (voire même de ne pas y aller). C'est également l'introversion qui peut donner l'impression aux autres que vous êtes froide ou sauvage.

*De quoi avez-vous besoin en tant qu'hypersensible ?*

C'est cette haute sensibilité couplée à une stimulation excessive qui amène toute personne hypersensible introvertie à se sentir mal à l'aise en société. En réalité vous n'êtes ni froide ni sauvage, vous avez juste besoin d'un temps de calme pour vous centrer. Une bulle de sérénité et de sécurité dans laquelle vous vous sentez apaisée et qui vous permet de dire stop à l'hyperstimulation qui vous épuise.

- [ ] Vous êtes à l'aise partout, l'adaptation à toute situation est votre deuxième nature.
- [ ] Vous adorez interagir tout autant que rester seule lorsque vous en avez besoin.
- [ ] Réseauter, avec plaisir. Travailler en solo, c'est bien aussi.
- [ ] Vous aimez parler et adorez écouter.
- [ ] Vous pouvez passer des journées entières à appeler vos amis tout autant que d'autres enfermée dans votre cocon à ne plus avoir envie de parler.

### Vous êtes de tendance ambivertie

Eh oui, vous pouvez aussi être ambivertie, c'est-à-dire avoir des traits de caractère de l'introversion ET de l'extraversion. Vous avez par exemple besoin de voir beaucoup de monde pendant un certain temps puis de vous couper totalement des autres et de rester chez vous. C'est prendre autant de plaisir à discuter de tout et de rien qu'entamer une grande conversation philosophique.

*De quoi avez-vous besoin en tant qu'hypersensible ?*
Vous adorez alterner période de calme et grandes interactions sociales et c'est très bien comme ça. Cet équilibre vous sied, et vous évite un trop-plein de stimulation. Attention toutefois de ne pas tout vouloir en même temps !

## Petit récap' pour y voir plus clair !

Voici deux listes non exhaustives des caractéristiques de personnes introverties, extraverties ou ambiverties. Elles représentent seulement des tendances, et il est fort probable que vous vous retrouviez un peu dans les trois colonnes. C'est tout à fait normal ! L'important est de comprendre comment vous fonctionnez afin de ne pas vous retrouver dépassée dans une situation qui vous serait inconfortable…

| Introvertie | Extravertie | Ambivertie |
|---|---|---|
| Peu d'amis mais de qualité | Des amis, beaucoup d'amis | Ni trop de solitude, ni trop de monde |
| Le calme et la solitude lui font du bien | Elle est comblée par le monde qui lui apporte de l'énergie | Aime faire de nouvelles rencontres oui, mais accompagnée de ses amis |
| Tendance à se méfier des autres | Tournée vers le monde extérieur | Aime être entourée mais n'a pas envie d'être le centre de l'attention |
| Réfléchit avant de parler | A une capacité de répartie | Si elle ne s'estime pas experte d'un sujet, elle reste silencieuse |
| Peut paraître secrète et solitaire | Adore être dans l'action et dans l'échange | Aime alterner les périodes de travail seule puis en groupe |
| Peut porter sa concentration sur un sujet pendant des heures | Très curieuse, s'intéresse à plein de sujets différents | Se reconnait à la fois dans l'introversion et l'extraversion |
| N'aime pas les conflits, évite les face-à-face | Ose faire des choses et se frotter à la vie | Recherche l'équilibre entre les échanges avec l'extérieur et le recentrage intérieur. Sortir oui, mais ne pas rentrer trop tard. |

# Tellement empathique envers les autres !

Que vous soyez introvertie, extravertie ou ambivertie, s'il y a bien une qualité qui caractérise l'hypersensible que vous êtes, c'est son empathie ! Votre mantra pourrait être « Oui, je te comprends ! » C'est quasiment toujours auprès de vous que les autres s'épanchent. Vous êtes l'amie, la psy, la coach ! C'est d'ailleurs cette empathie naturelle qui vous anime au quotidien. Vous écoutez, vous entendez, vous analysez finement toutes les situations sans exception. Vous êtes de bon conseil, et tout le monde le sait. Cette qualité couplée à votre intuition fait de vous une amie irremplaçable et terriblement précieuse...
L'empathie, c'est cette disposition à identifier et à ressentir soi-même l'émotion exprimée par l'autre. Cette qualité a une grande valeur. En effet, quand vous comprenez les autres vous percevez mieux ce qu'ils vivent et pouvez adapter votre comportement pour les accompagner. Néanmoins, il vous faut accepter que tout le monde ne fonctionne pas comme vous. C'est aussi ça être une oreille bienveillante ! Intégrer que les autres agissent différemment, écouter leurs besoins sans les anticiper. Vous n'êtes pas là pour régler les problèmes de tous mais pour être attentive et apporter un soutien.
C'est parfois là que les choses se compliquent pour l'hypersensible que vous êtes : vous avez tendance à confondre empathie et compassion. Vous ne vous contentez pas d'entendre et de comprendre, vous vivez également les émotions. Un brin fusionnelle, dites-vous ? C'est peu de le dire, vous vous transformez en éponge et vous n'écoutez plus vos besoins. Il s'avère que vous devrez parfois dire non et prendre soin de vous en mettant un peu de distance si nécessaire. Sinon cela pourrait vous épuiser…

## Dans mon couple, c'est pareil !

Fleur bleue extravertie ou carrément introvertie par mesure de protection, le couple est le lieu où tous vos ressentis sont décuplés. Encore une fois, vous allez devoir faire attention à accompagner vos émotions sans tenter de tout accepter. Faire preuve de douceur vis-à-vis de l'autre, qu'il soit hypersensible ou pas, et surtout comprendre qu'il fonctionne différemment de vous. Si votre compagnon n'est pas hypersensible, vous allez devoir lui expliquer votre façon d'être, les montagnes russes émotionnelles que vous devez gérer, votre côté un peu trop susceptible parfois. Il est essentiel de lui parler de vos besoins, de vos envies, afin de ne pas lui reprocher de ne pas être assez à l'écoute. Plus vous exprimerez vos émotions posément, plus vous aurez de chance de construire une relation saine et apaisée.

## Et dans mes relations amicales alors ?

En caricaturant un peu, on pourrait presque dire qu'une personne hypersensible ne connaît pas le « copinage ». Vous avez besoin de relations authentiques, de sincérité. Les small talks et autres représentations sociales : très peu pour vous ! Vous vous employez à créer des liens d'amitié profonds et durables. Vous faites confiance, vous donnez tout, vous vous investissez à fond et avez parfois du mal à comprendre que l'autre ne fonctionne pas de la même façon. Vous voulez être aimée et vous aimez en retour jusqu'à oublier parfois que ne pas être aimée de tout le monde, c'est normal ! Votre objectif dans vos relations amicales ? Construire des liens basés sur le respect des besoins de chacun sans vous surinvestir pour ne pas souffrir et/ou vous sentir en reste...

## Au boulot... l'hypersensibilité, c'est chaud !

Évoluer dans une société où l'efficacité, la solidité et la force sont beaucoup plus valorisées que la sensibilité ne vous rend pas la tâche facile. Le monde de l'entreprise est parfois bien compliqué à appréhender pour l'hypersensible que vous êtes. L'avis des autres compte parfois beaucoup plus qu'il ne devrait et vous met dans des situations qui peuvent s'avérer carrément inconfortables. L'objectif : « simplement » vous accepter telle que vous êtes. Vos émotions, vos valeurs, vos talents... : plus vous les assumerez et les déploierez fièrement, plus vous serez acceptée, appréciée et reconnue !

## Je m'accorde de la bienveillance !

Être empathique avec les autres, c'est génial... Mais la première mission serait de l'être avec vous-même ! Voici un rituel qui va vous permettre d'apprendre à vous rendre heureuse en priorité. Un magnifique défi qui vous rendra encore plus disponible aux autres et dans d'excellentes conditions !

### Le rituel du sourire

1. Installez-vous dans un endroit où vous vous sentez bien et en sécurité, une pièce que vous aimez, sur votre canapé ou dans votre lit. Enroulez-vous dans votre couverture préférée ou un gros plaid, avec votre pull doudou et une tisane bien chaude. Vous pouvez même pratiquer dans votre bain ! Tout doit être agréable.

2. En vous asseyant, poussez un grand soupir, une profonde respiration, car vous êtes exactement au bon endroit ! Vous pouvez mettre de la musique douce, allumer une bougie odorante, baisser les lumières, éteindre votre téléphone. Ne pensez plus à rien et imaginez…
3. Fermez les yeux et visualisez une boule de lumière ou d'énergie autour de vous et en vous. Enveloppée par ce halo, que vous ressentez plein d'amour, de sérénité, de joie de vivre, laissez un sourire se dessiner sur votre visage.
4. Vous allez faire voyager ce sourire dans votre corps. Vous pouvez l'imaginer comme un sourire qui soigne symboliquement, qui va faire du bien à toutes les parties de votre corps. D'abord, installez ce sourire dans votre plexus solaire pour le charger d'énergie. Laissez-le là quelques instants, appréciez la chaleur et la douceur qu'il vous procure.
5. Prenez à présent une grande inspiration, puis dirigez votre sourire vers votre cœur où il devra rester jusqu'à l'apaisement des battements.
6. Laissez l'air frais entrer dans vos poumons et installez à présent le sourire dans vos poumons. Votre cage thoracique s'ouvre de plus en plus, votre respiration se fait de plus en plus calme et régulière, et le sourire s'installe et s'étend dans cette zone.
7. Puis, laissez-le descendre dans votre bassin, dans votre ventre. Plus il voyage dans votre corps, plus vous respirez, plus vous sentez s'installer la détente et un état de confort.
8. Profitez intensément de ce moment de bienveillance envers vous-même. Félicitez-vous pour tout ce que vous avez déjà réalisé dans votre vie. Dites-vous que vous êtes fière de votre parcours. Choisissez une pensée positive qui sera votre mantra de la journée ou de la soirée.
9. Dans une grande respiration, revenez ici et maintenant en étant reconnaissante envers vous-même pour ce sourire.

**Tips zen** : projetez votre sourire intérieur sur tous les obstacles que vous avez rencontrés au cours de votre journée. Distribuez-le aux gens que vous aimez. La gratitude appelle la gratitude !

## Compassion et hypersensibilité

Si l'empathie est cette faculté de reconnaître et de comprendre les émotions que ressentent les autres, la compassion, quant à elle, est un peu différente. C'est « le sentiment par lequel un individu est porté à percevoir ou ressentir la souffrance d'autrui et poussé à y remédier ». Cette capacité à absorber le mal-être de l'autre pour qu'il aille mieux peut devenir rapidement dangereuse pour soi. En effet, le risque d'une trop grande compassion c'est d'avoir du mal à dire non par peur d'être rejetée. Elle dissimule un grand besoin de reconnaissance et d'amour. Si vous ne posez pas de limites, vous en ferez toujours plus, vous ressentirez toujours plus la souffrance de l'autre, vous chercherez toujours plus à le sauver. C'est ce qui fait de vous la victime idéale. Celle qui éponge le malheur des autres et leur permet d'aller mieux… et vous dans tout ça ? Être empathique c'est bien, avoir de la compassion aussi, à condition d'apprendre à se protéger, en accueillant la souffrance de l'autre sans qu'elle devienne nuisible et prenne toute la place.

## Je créée ma bulle de protection

Si vous vous suradaptez à toutes les situations, dans vos relations en général, cet exercice va vous permettre de revenir à vous. Il s'agit d'apprendre à visualiser une bulle de protection à l'intérieur de laquelle vous vous sentirez à l'abri. Vous pouvez vous y entraîner régulièrement et l'utiliser de manière ponctuelle, dans les situations SOS. Votre boss vous malmène, vos enfants vous poussent à bout, vous heurtez quelqu'un dans la rue et il réagit de façon agressive ? Installez-vous immédiatement dans votre bulle de protection.
L'objectif n'est pas de vous couper des autres, mais de vous protéger de ce qui vous pèse et met votre moral à zéro. Apaiser votre mental, prendre du recul et créer un espace bienfaisant qui n'appartient qu'à vous : les bienfaits de la bulle sont immenses !

### Comment faire ?

1. Installez-vous confortablement en position assise et commencez à respirer calmement et profondément. À votre rythme, progressivement, sentez votre respiration se faire de plus en plus calme. Vos pieds sont bien ancrés dans le sol, ressentez les racines qui partent de chaque pied et vous relient à la terre. Vos jambes sont déjà un peu plus lourdes, votre bassin prend toute sa place dans le fauteuil. Votre respiration agit comme un massage du plexus solaire et chasse le stress à chaque expiration.
2. Commencez à visualiser une bulle qui se forme autour de vous. C'est une bulle de savon à votre taille, illuminée par toutes les couleurs de l'arc-en-ciel. Elle vous permet de voir ce qui se passe à l'extérieur et de tout entendre. Elle ne vous coupe pas de votre environnement, elle vous laisse simplement le choix de laisser entrer ce que vous souhaitez. Elle vous protège des paroles blessantes, des mots désagréables, des comportements néfastes. Rien ni personne ne peut vous atteindre si vous n'en avez pas envie. Elle est magique, vous seule la

voyez avec ses belles couleurs, sa lumière bienfaisante, et elle a une action puissante : elle vous remplit d'énergies positives et de confiance en vous. Dans cette bulle, vous vous sentez bien, vous êtes forte. Vous pouvez à tout moment en modifier l'épaisseur, les couleurs, elle s'adapte en permanence à vos besoins et à vos désirs.

3. Vous pouvez maintenant ancrer littéralement cet état de bien-être dans votre corps, le transformant ainsi en stimulus positif, grâce à un geste codé, très simple. Pour ce faire, alors que vous êtes parfaitement installée dans votre bulle, placez votre pouce à l'intérieur de la paume de votre main et dites-vous que chaque fois que vous ferez ce geste, votre bulle de protection magique se reformera immédiatement et vous pourrez ressentir tous ses bienfaits.

# J'apprends à m'affirmer et à dire non !

Dire non, c'est positif ! C'est une façon de vous affirmer, de prendre votre place dans le monde et de vous faire respecter comme hypersensible ! C'est arrêter de vous renier. Vous allez apprendre à ne plus vous effacer (caractéristique propre à l'hypersensible) pour vous imposer. Dire non ne va pas à l'encontre de vos valeurs, ne fera pas de vous quelqu'un de méchant : être gentille ne veut pas dire tout accepter. C'est vous écouter et défendre vos besoins, de la manière la plus saine qui existe. Pour pouvoir dire non, prenez conscience que vous portez à l'intérieur de vous tout ce qui vous est nécessaire pour être heureuse (confiance, valeurs, compétences, talents), vous n'avez pas besoin de quémander l'approbation des autres ni de jouer un rôle pour leur plaire. Quand vous vous regarderez avec amour, vous pourrez dire non à ce qui ne vous correspond pas. C'est donc un joli cadeau ! Refuser vous rend adulte et responsable de vous-même, tout simplement. Vous déposez ainsi le masque social et choisissez ce qui vous convient.

## Comment communiquer ?

Selon le dictionnaire Larousse, *communiquer* signifie (entre autres) : « Faire connaître son sentiment à quelqu'un pour qu'il en prenne acte. » Vous le savez, votre faculté d'empathie et de compassion peuvent se retourner contre vous si vous n'y prenez pas garde, si vous ne vous positionnez pas. Dire oui sans discernement au lieu d'exprimer vos idées, vos besoins et vos ressentis peut vous conduire à entretenir une relation à la fois malsaine et déstabilisante. Vous avez déjà eu l'impression d'être manipulée ? Et si cette sensation dépendait aussi de vos difficultés à dire non ? En 1968, le psychiatre américain Stephen Karpman met en évidence un mode de communication connu sous le nom de « triangle de Karpman » ou « triangle dramatique ». Cet outil va vous permettre de comprendre pourquoi et comment dire non de façon saine et respectueuse de vous et des autres.

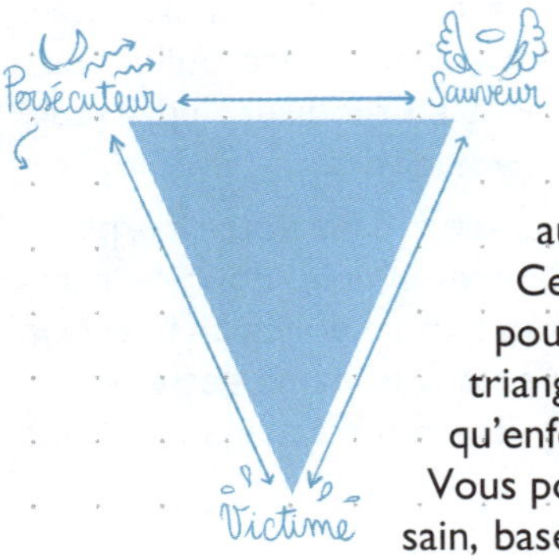


## Le triangle de Karpman, quésaco ?

Imaginez une pièce de théâtre à trois rôles qui se jouerait dans la vie réelle… en permanence ! Un jeu psychologique, auque on participe inconsciemment et qui peut se répéter tout au long de notre vie si l'on n'y fait pas attention.

Ce besoin viscéral d'être aimée quand on est hypersensible nous pousse, sans que nous nous en rendions compte, à rentrer dans ce triangle. Il nous offre le choix entre trois rôles aussi inconfortables qu'enfermants et destructeurs.

Vous pourrez sortir de ce triangle grâce à un mode de communication sain, basé sur l'écoute, l'expression de vos émotions et de vos besoins. Vous prendrez enfin votre place et saurez vous faire respecter.

**Victime, sauveur ou persécuteur ?**

*Victime*

Dans cette situation, la personne se considère comme nulle : « Je ne suis pas suffisamment experte. Je ne suis pas légitime. Je suis incapable d'avoir des idées, de prendre des décisions. » Prendre le rôle de la victime revient souvent à se positionner comme inférieure à l'autre.

Dans le meilleur des cas, ce statut va influencer une autre personne qui a un complexe de « sauveur » et qui rêve de venir en aide à la victime, au risque hélas de la maintenir dans ce sentiment d'infériorité.

Dans le scénario le plus désagréable, on attire à soi un « persécuteur » qui, en la faisant souffrir, confortera la victime dans son rôle. Elle peut en devenir dépendante. C'est la porte ouverte aux harceleurs et autres pervers narcissiques. Il est indispensable, vous l'aurez compris, de vous libérer de ce rôle !

➾ Pour s'en sortir, la victime doit s'accepter telle qu'elle est. Accepter sa vulnérabilité mais également ses forces, prendre conscience de qui elle est vraiment, reprendre confiance en elle et être responsable de ses choix.

*Sauveur*

On endosse ce rôle au contact d'une personne qui a besoin de soutien (qui se place souvent dans le rôle de victime) : « Je t'écoute ! Laisse-moi t'aider. Je sais ce qui est bon pour toi. Je vais le faire. » C'est un rôle fort agréable et valorisant pour l'ego, on se sent utile ! Malheureusement, la victime reste souvent incapable de résoudre ses problèmes. Le sauveur la rend dépendante de lui et, en anticipant ses besoins, l'autorise, d'une certaine façon, à rester une personne en échec et dépendante.

Pour le sauveur, l'avantage de ce rôle n'est pas des moindres. Pendant qu'il dépense de l'énergie à se préoccuper des problèmes des autres, allant même jusqu'à les régler à leur place, il occulte ses propres soucis et sources d'angoisse. Pour que son rôle soit complet, il a besoin d'un persécuteur dont il protégerait la victime ! Se défaire du rôle de sauveur, c'est accepter d'être une oreille attentive sans anticiper les demandes et les besoins de l'autre ni résoudre ses problèmes à sa place. C'est laisser à chacun la possibilité de devenir autonome et de faire ses propres choix même s'ils ne correspondent pas exactement à ce que l'on aurait soi-même choisi.

Pour s'en sortir, le sauveur devra continuer à aider les autres mais sans décider à leur place.

*Persécuteur*

Cela correspond au rôle de donneur de leçons. Le persécuteur estime qu'il sait mieux que les autres et impose sa vision, tant pis s'il fait souffrir : « Je te l'avais bien dit que tu n'y arriverais pas. C'est de ta faute. Ce n'est pas comme ça qu'il fallait faire. »

Ce rôle prend différentes formes : le persécuteur peut être une personne mais également une maladie ou une addiction. Le persécuteur est dur, il impose, coupe, tranche, dirige.

Pour s'en sortir, le persécuteur devra se positionner en adulte, bienveillant et tolérant. Il pourra exprimer son avis, mais sans l'imposer ni condamner autrui.

**Et l'hypersensible dans tous ces rôles ?**

Vous l'avez certainement compris en découvrant ces profils, l'hypersensible se retrouve souvent dans les caractéristiques de victime ou de sauveur. Il va falloir apprendre, comme l'évoque le psychiatre Éric Berne, à agir en adulte, en découvrant quels sont vos besoins et vos attentes afin de poser progressivement vos limites et vous libérer de ces masques afin d'être vous-même, tout simplement !

## Comment négocier sans lutter ?

Pour éviter de vous retrouver dans ce triangle de la manipulation, pour que vous ne cédiez plus à des demandes qui ne vous conviennent pas, l'exercice du disque rayé consiste de répéter sans faillir la même chose jusqu'à être entendue. C'est un très bon entraînement quand on a du mal à dire non. Il permet de rester sur sa position en restant respectueuse. C'est un parfait exercice pour commencer à affirmer ses besoins, s'entraîner à trouver des arguments et à garder sa position.

### Comment faire ?

Répétez avec bienveillance et gentillesse vos désirs et vos envies jusqu'à être entendue. Dans l'exemple ci-dessous, votre moitié insiste pour sortir dîner. Vous bossez tôt demain matin, vous n'en avez pas envie. Vous tenez bon face à son insistance…

— Si on allait au resto ce soir ?
— J'ai pas envie, je bosse tôt demain.
— On ne rentrera pas tard.
— On se dit toujours ça mais à chaque fois, c'est le contraire qui se produit.
— Non, non, promis.
— Je préfère me coucher tôt.
— Allez, s'il te plaît…
— Je comprends. Vas-y, fais-toi plaisir, mais moi je n'ai pas envie.

## Je pose des limites saines

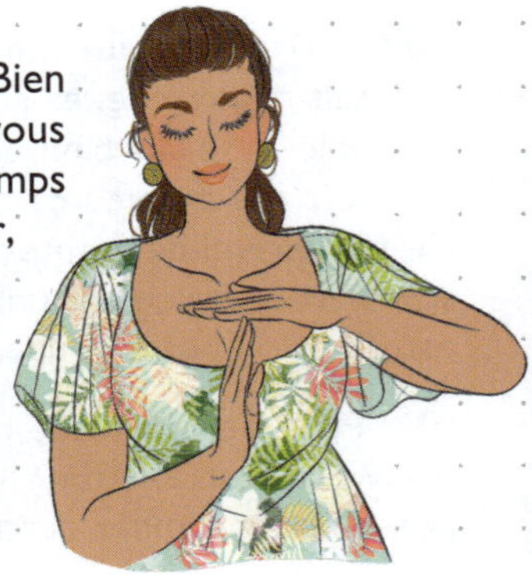

Poser des limites saines, c'est se respecter et se faire respecter. Bien entendu, si vous ne connaissez pas vos limites, comment voulez-vous que les autres les connaissent et les prennent en compte ? Il est temps de vous installer dans une posture juste, ni victime, ni sauveur, ni persécuteur, mais en adulte, hypersensible certes, mais totalement capable d'entretenir des relations sereines. Vous allez apprendre à tenir compte de vos besoins. La communication non violente va vous aider à les exprimer pour qu'ils soient entendus. Il ne s'agit plus de vous adapter à tout le monde mais d'être vous, simplement. Mais avant cela, un petit point sur la notion de « besoin » s'impose.

### À l'écoute de moi-même et de mes besoins

Vos émotions sont le baromètre de vos besoins non respectés. En effet, une émotion signale un besoin. C'est lui qui vous met dans un état désagréable et qui devra être comblé pour que vous vous apaisiez.

**Mes besoins primaires avec la pyramide de Maslow**

Selon la définition commune : « Les besoins recouvrent l'ensemble de tout ce qui apparaît "être nécessaire" à un être, que cette nécessité soit consciente ou non. » Un besoin frustré sera synonyme d'inconfort ou de mal-être, alors que, s'il est nourri, il vous procure aussitôt un sentiment de bien-être. Les émotions de tristesse, de colère et de peur indiquent que certains de vos besoins sont insatisfaits, quand la joie montre à quel point ils sont nourris.

Dans les années 1940, Abraham Maslow, psychologue américain, représente les besoins sous la forme d'une pyramide. Même si tous ces besoins coexistent en vous, certains se font sentir plus fortement selon la période de la vie, les circonstances et votre état intérieur.

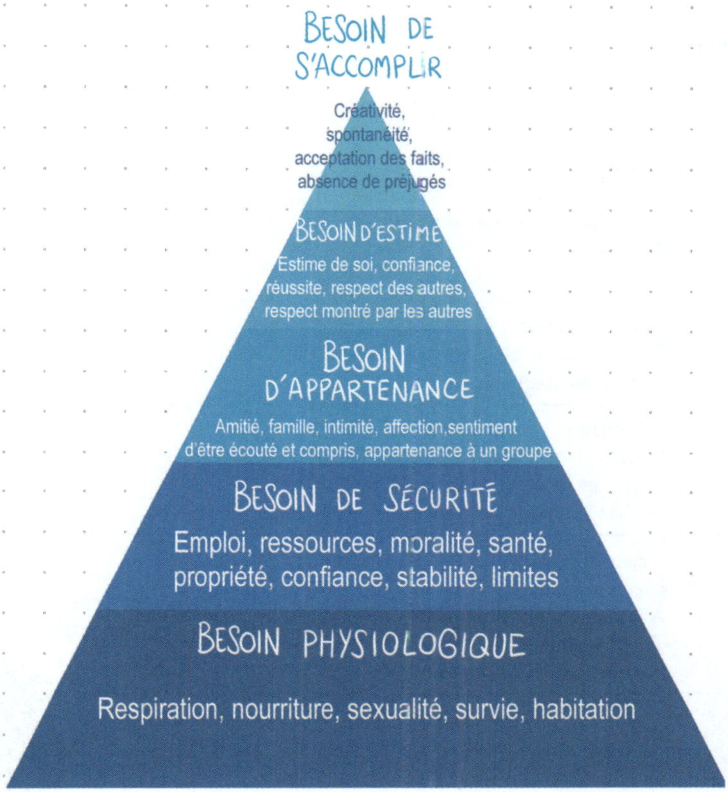


Poser des limites saines consiste d'abord à connaître vos besoins – en tant qu'hypersensible, vous les niez souvent –, puis à les énoncer de manière bienveillante et précise, et enfin à les faire respecter. Le but est de vous positionner face aux autres, en vous faisant confiance, sans chercher à vous adapter à tout le monde. Telle que vous êtes, hypersensible, forte et vulnérable, vous êtes parfaite !

## Émotions, ressentis : on décode le besoin sous-jacent !

Afin de vous aider, voici un tableau qui propose de faire le lien entre une émotion, un ressenti et un besoin non nourri. Cette liste n'est pas exhaustive. Elle vous donne des indications, mais l'essentiel est de la compléter avec vos propres ressentis. Avec cet exercice aussi, un peu d'entraînement sera nécessaire, mais, au fur et à mesure, vous verrez que l'évolution sera salvatrice.

| Émotions | Ressentis | Besoins non nourris |
|---|---|---|
| Colère | ○ Cœur qui bat<br>○ Rougeur<br>○ Douleur (oppression, crispation<br>○ musculaire, douleur articulaire)<br>○ Tension générale<br>○ Gorge serrée | Besoin de respect |
| Joie | ○ Bonne humeur<br>○ Envie de faire plein de choses<br>○ Énergie au taquet | Les besoins sont nourris |
| Peur | ○ Sidération<br>○ Larmes<br>○ Envie de fuite<br>○ Jambes coupées ou figées | Besoin de sécurité |
| Tristesse | ○ Cœur serré<br>○ Larmes<br>○ Abattement général<br>○ Trop de sommeil<br>○ Énergie basse | Besoin d'appartenance ou de sécurité<br>Besoin de s'accomplir |

## Mon rituel « bien-être à l'envers »

Si vous avez l'impression d'avoir du mal à identifier vos besoins, voici un exercice fun et très efficace que vous pourrez utiliser dans beaucoup de situations. L'idée est d'identifier les circonstances dans lesquelles vous ne vous sentez pas respectée, écoutée, nourrie... afin d'apprendre à dire non et à faire respecter vos besoins.
Si l'on considère que le cerveau a plus de facilités à mettre en évidence ce qui ne va pas, n'ayons donc pas peur de travailler à partir de circonstances négatives !

**1re étape : faites une liste de ces situations.**
Dans la vie, quand est-ce que vous ne vous sentez pas respectée ? À quels moments vos besoins ne sont-ils pas nourris ? À quels moments préféreriez-vous dire non sans pouvoir le faire ? Quelles sont les actes ou les paroles qui vous donnent la sensation de ne pas être écoutée ?

***Je ne me sens pas respectée / mes besoins ne sont pas nourris quand...***
- ○ On ne me dit pas bonjour lorsque j'arrive au boulot.
- ○ Mon agenda pro est si rempli que je n'ai plus le temps de me faire plaisir.
- ○ Je ne dors pas assez.
- ○ Je dis oui à tout le monde, tout le temps.
- ○ Je garde une oreille attentive pour chacune de mes amies, sans savoir leur dire stop.

○ Je travaille dix heures par jour.

○ ..........................................................................................................

○ ..........................................................................................................

○ ..........................................................................................................

○ ..........................................................................................................

**2ᵉ étape : remettez cette liste « à l'endroit »,**
**pour savoir à quel moment il vous faudra dire NON !**

***Pour me sentir respectée, j'ai besoin…***

○ Qu'on me salue et qu'on remarque ma présence quand j'arrive au bureau !

○ De faire quinze minutes de pause par jour, plusieurs fois par jour.

○ Dire non dans telle situation pour me reposer davantage.

**3ᵉ étape : établissez des stratégies pour faire respecter vos besoins la prochaine fois…**

À partir des exemples précédents, dressez une liste de situations où vous n'avez pas osé dire non de peur de ne pas être aimée/reconnue… et où vous n'avez pas réussi à exprimer votre besoin.

○ La dernière fois que je ne me suis pas sentie respectée, c'était quand ?

..........................................................................................................

*Par exemple : La dernière fois, c'était quand telle amie m'a appelée à 18 heures. Je lui ai dit que je n'avais pas le temps, mais elle a continué à parler.*

○ Pourquoi je n'ai pas dit non ?

..........................................................................................................

*Par exemple : Parce que j'ai eu peur de la vexer, de lui faire du mal…*

○ De quoi j'aurais eu besoin pour réussir à poser mes limites ?

..........................................................................................................

*Par exemple : J'aurais eu besoin de lui dire que je préférais la rappeler plus tard ou de ne pas répondre au téléphone.*

## La CNV ou comment me positionner sainement

La communication non violente (ou CNV) part du principe que, derrière chaque mot, il y a un besoin non satisfait. Elle est une des clés pour sortir sereinement du triangle de Karpman. Elle s'appuie sur vos ressentis, une relation de confiance avec autrui et la recherche de solutions. Maintenant que vous vous êtes exercée en exprimant vos besoins, la CNV va vous permettre d'apaiser vos relations.

## L'origine de la communication non-violente

C'est Marshall B. Rosenberg, un psychologue américain, qui est à l'origine de ce processus de communication. Au centre de cette méthode se trouve l'empathie, si familière aux hypersensibles. L'approche part du principe que si nous parlons aux autres avec gentillesse et bienveillance, en leur exprimant simplement nos besoins, sans jugement ni culpabilité, il y a fort à parier qu'ils auront envie d'en faire autant avec nous.

## Comment marche la CNV ?

Selon Marshall Rosenberg : *« La CNV repose sur une pratique du langage qui renforce notre aptitude à conserver nos qualités de cœur, même dans des conditions éprouvantes. »* Autrement dit, en première intention, on ne porte pas de jugement, on observe plutôt ce qui se passe à l'intérieur de nous. Il s'agit ensuite d'exprimer son sentiment puis de communiquer son besoin et enfin de faire une demande à l'autre pour combler ce dernier.

**La communication non violente demande d'avoir recours à trois facteurs principaux :**

- **L'autoempathie** : on met au clair ce qu'il se passe à l'intérieur de nous ;
- **L'expression authentique** : on échange d'égal à égal afin de privilégier l'écoute et l'approbation de chacun ;
- **L'empathie** : on prête attention au message de l'autre. On l'accueille quelle que soit sa façon de le dire.

## Les 4 étapes de la CNV

Que ce soit pour dénouer une situation nous concernant ou pour établir un dialogue, en situation de conflit ou non, la méthode se déroule en 4 temps : observer la situation, prendre en compte les sentiments de chaque protagoniste, comprendre les besoins sous-jacents et exprimer les demandes pour combler les besoins exprimés.

L'objectif de cette méthode est d'apporter de la bienveillance dans notre communication avec l'autre. Bien sûr, cela peut s'avérer parfois un peu compliqué en pratique, surtout si nos besoins ou ceux de la personne avec qui on discute ne sont pas clairs. Aussi n'est-il pas obligatoire de respecter les étapes dans l'ordre donné. Le plus important est d'éviter tout jugement (vis-à-vis de notre façon de communiquer, de nos besoins et de ceux de l'autre), car alors nous nous mettrions dans une position de défense qui rendrait quasi impossible toute forme de communication. Le bonhomme OSBD résume parfaitement cette approche : Observation + Sentiment + Besoin + Demande !

### Étape 1 : OBSERVATION (O)

Il s'agit de préciser le contexte de manière compréhensible par tout le monde, sans jugement. On observe simplement les faits. Par exemple, au lieu de dire « Tu es tout le temps en retard » on dira « On avait rendez-vous à 15 heures. »

### Étape 2 : SENTIMENT (S)

Cette étape permet à chacun d'évoquer les impressions, perceptions, émotions ressenties. Par exemple : « Quand tu te comportes comme ça avec moi, JE me SENS TRISTE. »

### Étape 3 : BESOIN (B)

Lors cette troisième étape, l'idée est de préciser ses besoins. Par exemple : « JE me SENS TRISTE parce que JE ne ME SENS pas RESPECTÉE. »

### Étape 4 : DEMANDE (D)

Le moment est venu de formuler une demande en lien avec le besoin exprimé. On la formulera de manière positive et précise. Il est aussi essentiel que cette demande soit réaliste. Par exemple : « La prochaine fois, J'AIMERAIS que tu ME préviennes plus tôt. »

### Quelques exemples concrets

Comme le dit Jacques Salomé, psychosociologue et écrivain français, l'idée première dans nos échanges avec autrui est d'éviter « le TU qui TUE ». On cesse d'accuser l'autre et on exprime ce que l'on ressent en partant toujours de soi.

| NE DITES PLUS (« ÉVITEZ LE TU QUI TUE »)... | DITES... |
|---|---|
| Tu me coupes tout le temps la parole ! | Lorsque je m'exprime, peux-tu attendre que j'aie fini pour prendre la parole ? |
| Tu es désorganisé ! | Nous avons du mal à avancer dans un projet si on n'anticipe pas ensemble. |
| Tu m'énerves ! | Je suis en colère, j'ai besoin de me calmer. |
| Tu ne fais rien à la maison ! | J'ai besoin que tu m'aides. |

## En quoi la CNV peut-elle vous aider ?

La communication non violente est un outil puissant qui aide à instaurer une relation de confiance. En tant que personne hypersensible, vous vous sentirez portée par toutes les choses positives qu'elle peut vous apporter. Notamment, elle vous permettra :

1. De mettre en avant votre faculté d'écoute sans vous laisser basculer dans un rôle de sauveur (voir p. 55).
2. D'utiliser votre empathie pour créer et/ou constater des affinités entre les gens qui vous entourent.
3. Et, chose essentielle, d'exprimer vos besoins afin de vous faire entendre et respecter.

Il n'y a pas de recette magique, mais plus vous pratiquerez régulièrement ces exercices, plus vous constaterez à quel point ils vous sont profitables. Vous allez oser dire non sans peur d'être jugée ni abandonnée. Vous allez être capable d'exprimer vos besoins, de vous sentir respectée et, enfin, de vous sentir à votre place.

## Mon journal pour apprendre à dire non avec la CNV

Le soir, après votre journée, posez-vous et notez la ou les situations de la journée où vous n'avez pas su dire non. Au calme, avec la distance nécessaire, vous percevrez les choses plus simplement et allez pouvoir les reconsidérer et réfléchir à ce qui vous a manqué pour vous positionner. Soyez bienveillante et patiente avec vous-même ! Il est normal que ça ne fonctionne pas du premier coup. Tenez-vous à cet entraînement quotidien ! Au fur et à mesure des jours, remarquez vos progrès et félicitez-vous.

## Soyez patiente et persévérante !

Dire non est un entraînement et, comme tous les entraînements, cela nécessite un peu de temps. Soyez bienveillante avec vous-même, vous allez y arriver et vous réaliserez à quel point c'est puissant ! Vous allez vous affirmer et vous sentir heureuse de prendre la place que vous méritez en honorant vos qualités de femme hypersensible !

**En résumé : 10 bonnes raisons de dire non !**

Voici 10 arguments pour achever de vous convaincre d'appliquer ces exercices régulièrement, parce qu'ils changeront votre vie.

**Dire non, c'est :**

1. Accepter de ne pas être aimée par tout le monde, parce que, au fond, vous n'en avez pas besoin. C'est se dire OUI à soi et respecter ses besoins…
2. Reconnaître que vous ne pouvez pas vous dédoubler.
3. Éloigner les manipulateurs. Les personnes qui disent oui tout le temps peuvent paraître vulnérables et influençables...
4. Réaliser que ce n'est ni impoli, ni vulgaire, c'est un positionnement juste et sain.
5. Choisir ! Oh comme c'est difficile lorsqu'on est hypersensible ! Choisir, c'est renoncer, et renoncer, c'est dire non. C'est prendre le risque de décevoir.
6. « Un moyen de renforcer la confiance en soi » : quand on dit non, une grande vague de respect nous envahit, on se sent plus légère !
7. Développer sa crédibilité. On assume, on choisit, on est clair avec soi-même !
8. Une façon d'éviter de tomber malade. Vous avez remarqué le nombre de maux (ventre noué, plexus oppressé, mal de tête…) qui se déclenchent quand vous dites oui, tout le temps ? Quand vous allez contre vos envies ?
9. Le moyen de se laisser un temps de réflexion et de prendre de la distance, faire un pas de côté pour voir les choses par un autre prisme, quitte à finir par dire oui, tout bien pesé !
10. Arrêter de faire des choses que vous n'avez pas envie de faire, retrouver de l'énergie pour réaliser vos rêves !

Exit l'image de l'hypersensible vue comme une petite chose fragile, faites place à ce que vous êtes vraiment : une femme talentueuse, intuitive et pleine de ressources ! Laissez rayonner votre pouvoir, votre créativité et votre vision unique d'hypersensible !

Chapitre 4

# Mon hypersensibilité est un superpouvoir !

Maintenant que vous savez comment vous fonctionnez, vous allez pouvoir faire de cette hypersensibilité votre force, votre super pouvoir, et contribuer au monde de la plus belle des façons, la vôtre ! Dans ce chapitre, vous allez réaliser à quel point vous êtes la meilleure version de vous-même. Vous explorerez vos talents et vos valeurs, si importants à valoriser et à assumer en tant qu'hypersensible ! Vous allez apprendre à vous voir autrement, sans vous critiquer ou saboter en permanence vos chances de rayonner. Vous pourrez ensuite réaliser comment votre hypersensibilité nourrit votre créativité, et nous l'aiderons à se déployer en exerçant votre imagination et votre intuition. Les projets vont fuser ! Avec des exercices de mind mapping et des rituels pour organiser votre mental, vous apprendrez comment structurer une pensée en arborescence afin qu'elle soit efficace et powerfull ! Enfin, pour garder le cap sans vous épuiser, vous découvrirez comment votre alimentation, votre sommeil et votre activité physique jouent sur votre good ou bad mood et votre hypersensibilité. Bref, une hygiène de vie mieux adaptée va vous aider à mieux vivre avec vous-même.

## La meilleure version de moi-même !

Vos sens sont ultrafins, votre empathie est incomparable, votre perception de la vie est sans égal. À présent, il va falloir vous faire confiance ! Vous allez constater à quel point vos talents et vos valeurs vous donnent une force insoupçonnée. Vous n'avez besoin de personne pour avoir de nouvelles idées. C'est le moment de vous accepter telle que vous êtes sans vous dévaloriser ni minimiser vos réalisations. Intégrez à quel point vous êtes belle et forte… et foncez !

## Je révèle mes talents

On parle souvent de domaines de compétence, beaucoup moins des talents. La compétence s'acquiert à l'école ou en formation – c'est ce que vous ne saviez pas faire jusqu'à ce que quelqu'un vous apprenne à le faire –, ce sont vos « acquis ». Parler de talents, c'est parler de l'inné. Vous les utilisez tous les jours sans même vous en rendre compte. En tant qu'hypersensible, vous avez une fâcheuse tendance à vous dire que non, ça n'a aucune valeur. Pourtant, quand vous en aurez pris conscience, vous verrez à quel point ils font de vous une leadeuse née ! Ces talents, naturels et que vous avez développés grâce à votre perception fine de la vie, font partie de vous. Lorsque vous les utilisez, vous êtes capable de vous dépasser sans forcer et, cerise sur le gâteau, de vous retrouver dans cet état de flow qui vous donne des ailes et démultiplie le plaisir et la joie dans votre vie ! Une fois que vous l'aurez compris, vous arrêterez de minimiser vos réussites. Vous prendrez confiance en vous et réaliserez à quel point votre hypersensibilité est à la fois une force et un superpouvoir.

### Mes talents vus par les autres

On a parfois du mal à discerner quels talents on possède ! Rien de mieux que des amies proches pour nous aider.

**Comment procéder ?**

Envoyez un petit mail à quelques amies ou personnes de la famille en leur posant les questions suivantes :

1. Peux-tu énoncer 5 de mes qualités ?
2. Qu'est ce qui t'inspire chez moi ?
3. Comment me décrirais-tu ?
4. Selon toi, qu'est ce qui est difficile pour les autres et facile pour moi ?

**Faites une petite liste des qualités/talents qui se recoupent dans leurs réponses…**

..................................................

..................................................

..................................................

..................................................

**En aviez-vous conscience ? Les acceptez-vous ? Que disent-ils de vous ?**

## Mes talents vus par moi-même

**Répondez de la manière la plus objective possible...**

1. Dans quels domaines ai-je des facilités ?
2. Pour quoi les autres viennent-ils me voir ?
3. Que fais-je naturellement depuis toujours ?
4. Quelles sont les choses que j'ai déjà réussies et dont je suis fière ?

**Faites une petite liste de vos principaux talents.**

Par exemple : c'est vous qu'on sollicite pour organiser les anniversaires ? Votre sens de l'organisation est reconnu. Vous pouvez l'utiliser dans d'autres domaines, et même le monnayer. C'est un talent très recherché.

Autre exemple : c'est vous qu'on appelle pour raconter ses malheurs ? Votre sens de l'écoute et votre empathie sont réputés. Voilà encore des talents innés indispensables pour manager une équipe.

Dès lors que vous aurez fait la liste de vos talents, vous pourrez les transposer dans d'autres domaines de votre vie. Les reconnaître est le meilleur moyen de renforcer votre estime de vous.

## Je prends conscience de mes valeurs

Les valeurs sont ce en quoi on croit profondément et qui donne des repères pour se diriger dans la vie. Ce sont elles qui, si elles sont respectées et écoutées, vont vous donner la certitude que vous êtes exactement là où il faut, dans l'essentiel, et de vous sentir pleinement à l'aise dans vos baskets. Être en accord avec ses valeurs, c'est entendre à l'intérieur de soi une petite musique qui dit que tout est aligné. « Ce que je dis, ce que je pense et ce que je fais, tout est en phase. » En tant qu'hypersensible, si vous n'êtes pas en accord avec vos valeurs, vous prenez le risque de vous retrouver épuisée et déprimée.

## Quelles sont mes valeurs ?

C'est parfois compliqué de faire la liste de ses valeurs. En général, vous les retrouvez chez les personnes proches de vous ou que vous admirez.

**Faites une liste de 3 à 5 personnes** (artistes, personnalités historiques, politiques ou culturelles…) que vous appréciez particulièrement. Notez pourquoi vous les admirez, ce qui vous touche chez elles ?

**Vous avez à présent une liste de VOS valeurs !**

Si vous avez choisi le pacifiste Gandhi, il y a fort à parier que la non-violence est une de vos valeurs principales. Ainsi, vous saurez garder votre calme face aux nombreuses micro-agressions que le mode de vie urbain contemporain génère. Par exemple : répondre avec un sourire à quelqu'un qui vous insulte parce que vous l'avez doublé dans une file de voitures.

## Je me vois telle que je suis !

Ce sont vos talents et vos valeurs qui font de vous une personne merveilleuse ! Le moment est venu d'arrêter de vous juger. Vous avez déjà passé trop de temps à vous adapter pour plaire au plus grand nombre, soyez maintenant telle que vous avez toujours eu envie d'être. Vous allez pouvoir continuer à explorer votre potentiel, ce trésor à l'intérieur de vous : cette hypersensibilité qui ne demande qu'à se développer. Il va falloir changer votre image de petite chose fragile. Il va falloir vous donner de l'importance !

## Je me regarde… et je me kiffe !

Faites un selfie puis imprimez-le. En regardant votre portrait, prononcez des mantras comme : « je suis belle », « je mérite d'être aimée telle que je suis », « j'ai un potentiel immense », « je suis géniale », « je me déploie », « j'ai de belles valeurs », « j'ai des talents à exploiter », « j'ose être pleinement moi ! » Créez tous les mantras ou formules positives qui vous font du bien !

## Je fais réaliser mon portrait

Voilà une autre expérience formidable pour une meilleure version de vous-même !

Prenez rendez-vous avec un photographe professionnel pour qu'il réalise un magnifique portrait de vous. Prévoyez une tenue

dans laquelle vous vous sentez bien. Maquillée ou naturelle, coiffée ou les cheveux en bataille, peu importe, l'essentiel c'est que vous vous sentiez bien et en phase avec vous-même. Vous pourrez mettre la photo dans un joli cadre et vous sourire dès que nécessaire.

### Ma lettre d'amour à moi-même

C'est fou comme notre mental a beaucoup plus de facilité à voir nos défauts, plutôt que nos qualités ! En revanche, il est tout à fait capable de voir toutes les compétences, valeurs et atouts de nos meilleures amies et de les leur souffler à l'oreille lorsqu'elles ne vont pas bien. Parfait ! Puisqu'il sait le faire pour elles, imaginez que votre meilleure amie, aujourd'hui, c'est vous !

1. Installez-vous dans un endroit agréable et confortable. Sortez votre plus joli papier à lettre et votre stylo chouchou.
2. Ecrivez une lettre à la troisième personne du singulier, comme si vous écriviez à une amie. Décrivez toutes ses qualités, tout ce qui vous rend fière d'elle.
3. Rappelez-lui toutes ses belles réussites. Ce qu'elle a déjà fait avec talent. Parlez-lui de sa sensibilité fine, dites-lui à quel point c'est un atout. Parlez-lui de son empathie, de son intuition, de sa grande capacité d'écoute et d'adaptation. Parlez-lui de son imagination et de sa faculté à créer des expériences. C'est le moment de tout lui dire, le cœur léger.
4. Vous avez tout dit ? Votre lettre est terminée ? Prenez une nouvelle feuille et écrivez-la à nouveau en vous adressant à vous-même : changez le pronom *tu* par *je*. Comment vous sentez-vous ? Oui, c'est bien vous cette personne merveilleuse pleine de talents ! Remarquez à quel point la gratitude que vous vous adressez à vous-même nourrit votre confiance et votre estime de vous.
5. Pensez à relire cette lettre à vous-même de temps en temps !

## Je suis hyper créative

Ça y est ! Vous commencez à cerner ce qui fait de vous quelqu'un de créatif. Oui, vous êtes hyper créative... même si vous ne savez pas dessiner ! Être créative, c'est avoir la capacité d'imaginer des tas de choses. Et quand on est hypersensible, on est reine en ce domaine ! Souvenez-vous du dernier week-end entre amis… Qui l'a organisé ? Quand il s'agit de

préparer un anniversaire, qui appelle-t-on ? La créativité, c'est ça ! Ce sont votre imagination et votre intuition mis au service de votre pensée en arborescence. Votre cerveau hypersensible, qui établit une multitude de connexions, vous invite à penser dans tous les sens. Ce sont toute ces interactions qui vous permettent d'inventer, de chercher, d'innover ! L'inconvénient, si vous ne la domptez pas un peu, c'est que cette pensée popcorn peut rendre difficile l'organisation des idées. Pour ordonner votre cerveau et faire de ce mode de pensée un atout majeur, il va falloir mettre en place des systèmes pour vous accompagner.

Il s'agit, pour commencer, d'organiser votre espace de travail pour y élaborer toutes vos prochaines créations. Faites de la place à votre imagination et à votre intuition. Vos projets vont arriver par dizaines, et vous allez découvrir comment les hiérarchiser avec la méthode du « plus petit pas possible » puis les réaliser de façon « Smart » (voir p. 72) !

## Intuition et imagination au pouvoir !

L'imagination, ce don de l'enfance, et l'intuition, ce guide intérieur, sont deux de vos superpouvoirs d'hypersensible ! Vous en doutiez ? C'est peut-être parce que, jusque-là, vous ne leur avez pas fait suffisamment confiance. C'est le moment de vous lancer !

### J'écoute mon intuition

Le célèbre physicien Einstein disait d'elle : *« C'est une sensation au bout des doigts. »* L'intuition n'a plus à prouver son existence ! Même les neurosciences le disent, elle existe en chacun d'entre nous. Certains travaillent à la développer quand d'autres préfèrent ne pas y faire attention. Si on part du postulat que l'intuition est une perception des sens et que, en tant qu'hypersensible, vos sens sont très développés, il y a fort à parier que votre intuition le soit aussi. Si toutefois vous ne l'avez jamais écoutée, elle a peut-être choisi de se faire silencieuse. Quel dommage, c'est un sens tellement puissant qui vous permet de percevoir avant même de penser, de raisonner. L'écouter c'est se fier à votre guide intérieur, qui sait exactement tout ce dont vous avez besoin. Elle vous sera utile au travail pour percevoir une situation avant qu'on ne vous la décrive ; en amitié, pour sentir ce qui va bien ou pas chez vos amies. Vous pourrez également l'écouter avant de prendre une décision afin de faire des choix en phase avec vos vrais besoins. C'est un merveilleux outil pour l'hypersensible que vous êtes !

### Je façonne mon intuition

Si vous l'avez toujours malmenée, il va falloir vous exercer à l'écouter et à lui faire confiance. Ouvrez un joli « cahier d'intuitions ». Posez-vous au calme. Prenez une grande respiration et posez-vous une question. Par exemple : « Quelle sera l'ambiance de la réunion au bureau ce matin ? » Laissez venir la réponse sans raisonner et notez ce que vous percevez. Puis, vérifiez votre intuition lors de la réunion en question.

Vous pouvez commencer par vous exercer aux synchronicités. Par exemple, vous pensez fortement à quelqu'un, et justement à ce moment-là vous recevez un message de sa part ! Les synchronicités, ce sont ces petits instants qui vibrent en nous comme pour nous donner un message. C'est un chouette exercice pour voir à quel point vous êtes raccord avec votre intuition !

Une situation vous questionne ou vous inquiète ? Demandez à votre intuition ce qu'elle en pense ! Ecrivez la réponse et voyez comment évolue la situation.
Plus vous vous entraînerez, plus vous oserez l'écouter, plus vous lui ferez confiance, et plus vous remarquerez à quel point elle vous oriente dans la bonne direction.

## Je bouscule mon imagination

Observez un enfant. Remarquez avec quelle facilité il est capable de faire fonctionner son imagination. Faites-en de même. Elle va vous permettre d'oser. Oser être celle que vous souhaitez. Oser faire ce que vous souhaitez. Stimuler votre imagination pour bousculer les codes, c'est vous moquer de ce que pensent les gens. Acceptez de l'enrichir de vos propres ressentis. Plus vous la solliciterez, plus l'hypersensible que vous êtes se sentira nourrie !

**Mon petit atelier d'écriture spontané et créatif**

Voilà un exercice inspiré de l'ouvrage *Bloum*, de la journaliste et auteure en développement personnel Florence Servan Schreiber (éd. Marabout). Rien de mieux que la contrainte pour faire travailler son imagination. Face à un cadre imposé, vous allez devoir trouver des moyens rapides pour réaliser l'exercice. Ce sont ces moyens, ces solutions qui vont faire grandir votre imagination et, avec elle, votre créativité.

Vous avez quinze minutes pour écrire un texte de 300 mots maximum (soit 4 phrases). Dans ce texte vous devrez impérativement placer les 10 mots suivants :

- ○ folie
- ○ licorne
- ○ amie
- ○ fatigue
- ○ chocolat
- ○ pouvoir
- ○ pomme
- ○ coton
- ○ boss
- ○ réserve

**C'est à vous !**

..........................................................................................................

..........................................................................................................

..........................................................................................................

..........................................................................................................

# Des idées nouvelles à gogo !

Plus vous écoutez votre imagination et votre intuition, plus vos projets, vos envies et vos idées se multiplient ! Vos pensées foisonnent ! C'est un peu la façon de penser d'une personne hypersensible : dans toutes les directions à la fois. Vous avez l'impression que vos idées appellent d'autres idées, qui se divisent en d'autres pensées... sans fin. Ce n'est pas une impression ! La difficulté va être d'apprendre à hiérarchiser ce foisonnement d'idées pour ne pas saturer votre cerveau. Comme votre bureau, vous allez découvrir comment structurer votre pensée pour l'utiliser à bon escient.

## Je fais des bubble maps

La pensée en arborescence c'est merveilleux, mais ça peut rendre carrément compliquée la hiérarchisation des idées. Quand on est hypersensible, le simple fait d'imaginer poser ses idées sur une feuille les unes après les autres dans l'ordre, comme on l'a appris à l'école (thèse, antithèse) peut paraître stressant, créer un blocage. L'intérêt des méthodes visuelles est considérable pour votre cerveau super créatif qui ne sera plus contraint. Une idée en appelle une autre ? Qu'à cela ne tienne, posons tout sur une feuille. Les bénéfices sont multiples : vous n'êtes pas frustrée par la structure linéaire, vous pouvez laisser pleinement s'exprimer votre créativité en ajoutant des couleurs, vous améliorez votre concentration, vous mémorisez beaucoup mieux. Et pour couronner le tout, c'est joli !

**Comment je procède ?**

Prenez une feuille A4 format paysage. Notez au milieu, dans une bulle, le thème de votre bubble map (par exemple : « mon hypersensibilité »).

Laissez fuser toutes les idées, chacune dans une bulle autour de la bulle principale, puis reliez-les d'un trait.
Coloriez ensuite avec vos plus jolis crayons les bulles qui peuvent se regrouper dans le même thème.
Vous pouvez développer ce thème dans une autre bubble map sur une autre feuille. Structurer vos projets et vos envies devient un jeu d'enfant !
Maintenant que vous avez compris la manière de poser vos objectifs, la question qui se pose à l'hypersensible que vous êtes est : Par où commencer ?

## Le plus petit pas possible vers la concrétisation de mes idées

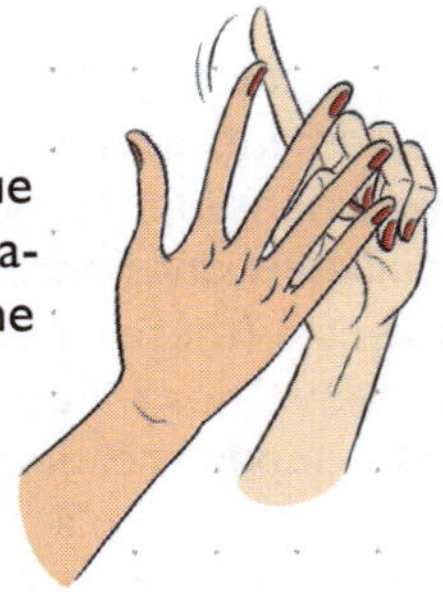

Avoir des idées nouvelles en permanence, un cerveau qui réfléchit presque sans cesse peut s'avérer parfois improductif. Par où commencer pour réaliser vos tâches et vos objectifs ? Le mont Everest ne se gravit pas en une journée ! Alors on se détend, on respire et on s'organise ! Surtout, on arrête de tout voir comme un gros bloc inattaquable et on découpe ses grands projets en plusieurs petites étapes. C'est la meilleure manière de ne pas se laisser dépasser. Avant toute chose, on vérifie qu'ils sont réalisables ! Vous voulez être chirurgien cardiaque ? Ok, mais ce ne sera possible que sous certaines conditions et après un délai non compressible... On va donc s'organiser pour morceler cette énorme programme en plusieurs petites étapes qui devront s'enchaîner progressivement pour relever le défi. Pour ce faire, reconsidérez un à un vos projets avec la méthode Smart et définissez des jalons clairs et réalistes.

### Mes projets sont super Smart !

**S comme Spécifique**

Vos projets doivent être simples à comprendre, clairs et précis.

➾ Faites une liste de vos projets, objectifs, envies... Vérifiez s'ils sont formulés de façon précise. Plus votre envie sera clairement énoncée, plus vous aurez de facilité à la mettre en œuvre.

**M comme Mesurable**

Cette notion est très importante. Vous devez être capable de répondre clairement aux questions suivantes pour chacun de vos projets : qu'est-ce qui me fera dire que j'ai atteint mon but ? De quelle manière vais-je m'en rendre compte ?

➾ Définissez votre objectif. Par exemple, vous envisagez de reprendre une activité physique : à vous de définir à quel rythme vous prévoyez de vous entraîner, quels objectifs vous vous fixez et à quelle fréquence vous ferez le point sur vos progrès.

**A comme Ambitieux**

Vos projets doivent vous faire kiffer et rêver ! C'est la seule manière de trouver la motivation pour aller au bout et donner le meilleur de vous-même.

➾ Faites la liste des efforts à fournir pour chacun de vos projets. Demandez-vous si vous avez envie de vous dépasser. Si votre réponse est oui, foncez !

**R comme Réaliste**

Un projet réaliste doit prendre en compte tout votre environnement (financier, familial, quotidien…). Si vous tentez de mettre en place un projet qui n'est pas réaliste, vous allez avoir tendance à vous épuiser, à procrastiner, à vous démotiver et à ne pas aller au bout.

➾ Dans la liste de vos projets, est-ce que le mesurable que vous avez noté est réalisable ? Si ce n'est pas le cas, modifiez le délai de fin de l'objectif ou retirez-le temporairement ou définitivement de votre liste.

**T comme Temporellement défini**

Il peut être démotivant et extrêmement difficile de viser un objectif sans date butoir. Fixez un délai réaliste à chacun de vos objectifs. Cette date va également vous permettre de planifier toutes les actions à mener pour le réaliser.

➾ Reprenez chacun de vos projets et notez la date à laquelle vous décidez qu'il devra être réalisé, en veillant à ce que ce soit envisageable, sans pression.

**Tableau de mes prochains objectifs**

| MON PROJET | JE LE DÉCRIS DE MANIÈRE PRÉCISE | JE L'AURAI RÉALISÉ QUAND… | CE PROJET ME FAIT RÊVER PARCE QUE… | QU'EST CE QUI POURRAIT M'EMPÊCHER DE LE RÉALISER | DATE DE FIN DE CE PROJET |
|---|---|---|---|---|---|
| 1….. | | | | | |
| 2…… | | | | | |
| 3…… | | | | | |
| 4….. | | | | | |
| 5…… | | | | | |

Lorsqu'on est hypersensible, imaginer tous ses grands projets se dérouler en étapes fait un bien fou ! C'est tellement reposant de poser tout ce qu'on a dans la tête pour laisser la place à d'autres désirs et à d'autres nouvelles idées !

# Mon hygiène de vie healthy

C'est bien d'enchaîner les projets, les idées et les envies mais pensez aussi à votre santé. Elle fait partie de votre superpouvoir ! En prendre soin vous rendra pleinement épanouie et reposée pour rebondir vers de nouvelles aventures. En effet, une bonne alimentation et un bon repos aident à récupérer et à mieux gérer ses émotions grâce à un système nerveux plus résistant face aux états émotionnels intenses.
L'hygiène de vie idéale n'a rien à voir avec l'hygiène de vie parfaite. Et si vous preniez le temps d'écouter votre mode de fonctionnement pour vivre de manière plus apaisée ? Plus vous savez ce qui vous réussit, plus vous répondez à vos besoins. Votre premier boulot va consister à reconsidérer votre alimentation, votre sommeil et vos périodes de repos, autant d'éléments essentiels à l'équilibre de votre hypersensibilité. Vous ressourcer, alterner les activités sociales, énergivores, avec les moments de calme, c'est votre mission ! Vous épanouir consiste à fuir un trop-plein de stimulations quelles qu'elles soient.

## Je prends soin de mes intestins

Savez-vous que la sérotonine est produite à 90 % dans les intestins ? Également appelée « hormone du bonheur », elle a pour rôle, entre autres, de réguler l'humeur et l'émotivité en agissant sur le système nerveux central. Quand on est hypersensible, il est essentiel de ménager ses intestins et sa sérotonine. Prendre soin de votre microbiote est un moyen magique de réguler votre humeur ! Voici 5 astuces pour des intestins en pleine santé :

### 1. J'évite les excitants qui favorisent l'hyperstimulation de mes sens et mon stress.

Je réduis le café, le thé, l'alcool, le tabac, le sucre. Et je favorise l'eau, les tisanes, les boissons naturelles à base de fruits !

### 2. Je privilégie les légumes, les légumineuses et les céréales complètes.

Ce sont les fibres des légumes et des céréales complètes qui nourrissent le microbiote, participent au maintien de la bonne flore bactérienne de notre système digestif, régulent le transit… C'est LA solution pour chouchouter votre intestin et équilibrer votre humeur (mais aussi conserver un ventre plat) !

### 3. Je me masse le ventre

Mélangez 2 à 3 gouttes d'huile essentielle de menthe poivrée (*Mentha piperita*) à 3 gouttes d'huile végétale (amande douce ou jojoba). Deux à trois fois par jour, appliquez cette préparation en massant doucement votre ventre dans le sens des aiguilles d'une montre. Bye-bye ballonnements et digestion difficile, bonjour ventre heureux et apaisé !

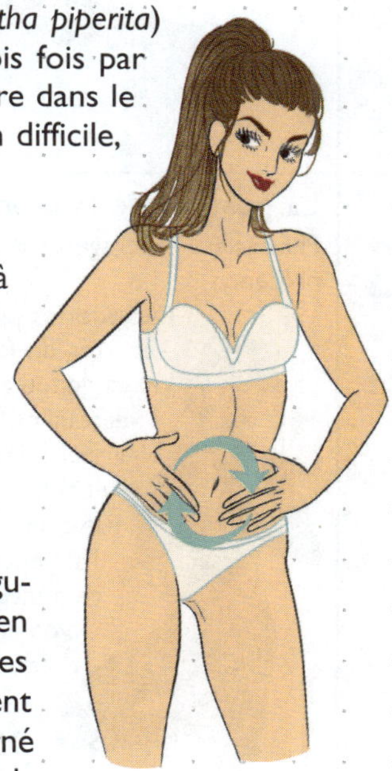

### 4. Je mange lentement et en pleine conscience

Vingt minutes, c'est le temps moyen pour que vous commenciez à ressentir la satiété. Regardez chaque aliment, sentez-le, touchez-le. En bouche, retrouvez toutes ses saveurs. Plus vous mangez lentement, plus vite vous arrivez à satiété et vous sentez comblée et apaisée. Les aliments mâchés correctement arrivent prédigérés dans les intestins, ce qui facile la digestion.

### 5. Je mange à heures fixes

Vos intestins et votre microbiote ont besoin d'être mis au repos régulièrement. Prenez vos repas à heures régulières. En effet, pour bien fonctionner, notre organisme a besoin d'habitudes. Si vous fixez des heures précises pour vos repas, votre système digestif va naturellement s'adapter. À l'approche de l'heure du repas, chaque organe concerné (foie, estomac, colon…) se mettra en action pour une digestion optimale.

## J'apprends à me ressourcer

Prenez du temps au moins deux fois par semaine pour pratiquer quelques postures simples et régénérantes de yoga, dans un style doux qui vous fera le plus grand bien ! Cette activité ramène le calme en soi et permet de se sentir globalement mieux dans son corps. Pas la peine d'être une yogini chevronnée, d'être souple ou hyperzen pour se mettre au yoga : c'est une très bonne façon de faciliter la concentration et de calmer un peu son cerveau bouillonnant quels que soient sa nature et son tempérament ! Voici 3 postures de yoga antistress pour vous ressourcer.

**La posture du bébé (Balasana)**

Elle détend profondément et permet de relâcher les tensions physiques et mentales.
Sur votre tapis de yoga, mettez-vous à quatre pattes puis posez vos fesses sur vos talons, le front au sol et étirez les bras devant vous. Inspirez et expirez cinq fois dans cette posture en portant votre attention uniquement sur votre respiration.

**La posture de l'arbre (Vrikshâsana)**

Elle améliore l'équilibre et la concentration.
Debout, les pieds bien ancrés au sol, fixez un point devant vous en portant votre attention sur votre respiration. Quand vous vous sentez prête, placez un de vos pieds contre le mollet de l'autre jambe. Concentrez-vous pour tenir l'équilibre. Prenez 5 grandes respirations dans cette posture puis faites pareil avec l'autre jambe.

**La posture de la montagne (Tadasana)**

Elle facilite l'ancrage et la conscience du moment présent.

Debout, les pieds au sol, parallèles, écartés de la largeur du bassin. Les genoux sont souples et non verrouillés. Mettez les épaules en arrière, la tête est bien droite et fixez un point devant vous. Imaginez en inspirant que l'air entre par vos pieds et remonte jusqu'à la racine de vos cheveux ; à l'expiration, que l'air part de votre tête et redescend par vos pieds jusqu'au sol.

**Ma méditation sur la flamme d'une bougie (ou « Trataka ») pour me concentrer**

C'est un exercice très puissant et simplissime pour favoriser en douceur la concentration. C'est aussi un très bon exercice à pratiquer avant d'aller se coucher puisqu'il apporte le calme intérieur et l'endormissement.
Installez-vous confortablement dans un fauteuil ou par terre. Fixez la flamme d'une bougie que vous aurez allumée au préalable et posée juste devant vous à environ 1 mètre de distance. Portez votre attention sur votre respiration, tout en continuant à fixer la flamme de la bougie. Vous pouvez rester le temps de quelques respirations ou d'une musique douce.

## Je chouchoute mes temps de repos et de sommeil

Chaque jour vous arrivent en permanence une multitude d'informations. Votre corps et votre cerveau passent beaucoup de temps à s'adapter à toutes les situations énergivores de votre vie quotidienne et aux flux d'informations sensorielles qu'ils ont à gérer. Si vous êtes fatiguée, votre faculté à gérer les stimulations va s'amoindrir. Vous allez saturer, votre patience flancher, il vous sera difficile d'accueillir sereinement vos émotions. Votre sommeil est donc sacré, il faut le ménager. C'est avec des temps de repos adaptés à vos besoins, aux saisons et vos différents rythmes internes que vous pourrez vous régénérer en profondeur, retrouver toute votre vitalité et mieux gérer votre hypersensibilité !

## 5 tips pour retrouver pour un bon sommeil

1. Exit les écrans une fois couchée !
2. Restez allongée dans le noir. Chez l'humain, 80 % de la stimulation des sens est visuelle. C'est donc une façon très simple de vous reposer même si vous ne dormez pas. Respirez calmement par le ventre (gonflez l'abdomen en inspirant et dégonflez-le en expirant).
3. Si le flux mental se met à tourner, notez sur papier tous les soucis et les pensées obsessionnelles qui vous trottent dans la tête puis lisez quelques pages d'un livre.
4. Méditez quelques minutes avant de vous coucher en pratiquant la méditation dite « de la pierre » : allongée sur votre lit, dans la position la plus confortable pour vous, inspirez et expirez profondément par le nez. Imaginez progressivement que toutes les parties de votre corps s'enfoncent dans le matelas comme si vous vous transformiez en statue. Sentez votre corps devenir très lourd et très dense. Prenez plaisir à vous imaginer solide, inatteignable et indestructible comme la pierre. Le sommeil ne devrait pas tarder à arriver.

5. Massez votre plexus solaire (zone importante en dessous du diaphragme liée au système nerveux autonome). Cela détend et favorise l'endormissement. Comment faire ? Massez avec le bout des doigts joints de la main droite dans le sens des aiguilles d'une montre durant cinq minutes. Vous pouvez également utiliser cet exercice pour vous déstresser.

## Mon rituel happy night

Pendant une semaine, observez les cycles de votre sommeil. Au terme de cette période (ou plus si vous le souhaitez) faites une moyenne des heures de sommeil. Vous serez à même de savoir combien d'heures vous sont nécessaires. À vous de les respecter pour être en forme et apaisée !

★★★ En pleine forme ★★ Bof, bof, ★ Carrément crevée !

| | Heure de coucher | Heure de lever | Nombre d'heures dormies | Comment je me sens au réveil |
|---|---|---|---|---|
| Dimanche à Lundi | | | | ☆☆☆ |
| Lundi à Mardi | | | | ☆☆☆ |
| Mardi à Mercredi | | | | ☆☆☆ |
| Mercredi à Jeudi | | | | ☆☆☆ |
| Jeudi à Vendredi | | | | ☆☆☆ |
| Vendredi à Samedi | | | | ☆☆☆ |
| Samedi à Dimanche | | | | ☆☆☆ |

## Je m'apaise avec les fleurs de Bach

Ces merveilleuses fleurs des champs vous apporteront le bien-être dont vous rêvez au quotidien. Bien connus depuis les années 1930 et créés par le docteur du même nom, ces remèdes représentent une aide merveilleuse pour vous soulager de vos montagnes russes émotionnelles ! Il existe 38 fleurs de Bach, qui contiennent des extraits de plantes, sans effets indésirables ni accoutumance.

**Comment faire ?**

Deux gouttes de chaque fleur choisie dans un verre d'eau, un jus de fruits, ou directement dans la bouche, à raison de quatre fois par jour, à prendre même au cours des repas, effet garanti !

Il est conseillé de ne pas sélectionner plus de sept fleurs en même temps. Comment les choisir ? Selon votre attitude émotionnelle.

Faites-en un rituel : prenez un temps pour vous afin d'observer vos états internes, good ou bad mood. Dans un carnet, notez votre état émotionnel et les transformations auxquelles vous aspirez grâce au soutien des fleurs (voir le tableau ci-dessous) pour retrouver la joie et la paix qui caractérisent votre état naturel.

| Quel est mon état émotionnel ? | Nom de la fleur de Bach | La promesse de l'équilibre après la prise de la fleur |
|---|---|---|
| *Je ressens une telle intensité en moi que je ne supporte rien et je pète les plombs. Les étiquettes des vêtements me démangent au point que je me gratte au sang, le bruit me rend dingue, la luminosité me fait perdre mes moyens…* | **Cherry Plum**  | Je garde mon calme et maîtrise mon comportement ; je sais désamorcer les bombes et contrôler toutes mes sensations, mes paroles, mes pensées et mes actes. |
| *Des odeurs, des aliments, des textures me dégoûtent, parce que tous les ressentis sont décuplés. Je le vis comme une agression, qui m'intoxique et me pollue…* | **Crab Apple** | Je ne me focalise plus sur ce que je trouve incommodant, et cela me permet de constater que je suis en capacité de relativiser et de réduire ces ressentis aux détails d'un tout. Je garde mon calme et maîtrise mieux mes réactions. |
| *Toutes mes émotions me débordent, je perds confiance en ma capacité à les surmonter…* | **Elm** | Je garde confiance en mes facultés de réappropriation, d'accueil et de gestion de mes ressentis, et je suis sûre d'être en capacité de réguler mon baromètre intérieur pour mener de front ces débordements. |
| *Je ressens toutes les ambiances, j'ai l'impression d'absorber tout ce que je capte, je me sens vulnérable et à la merci de tout. Mal à l'aise, je perds mes moyens dès que je me sens observée…* | **Walnut** | Je capte les informations, les ambiances, mais le ressenti en est comme filtré, ce qui me met en sécurité. Ainsi, je conserve mes moyens, je reste qui je suis, avec mon discernement, et je peux m'adapter aux situations avec facilité. |
| *Je ressens la présence de personnes ou d'énergies invisibles, mon corps me donne des signaux de mauvais pressentiments, cela m'inquiète…*  | **Aspen** | Je garde mon calme, je sais jouer de mes sensations sans être victime de mes peurs, je peux utiliser ces informations pour me guider et avancer avec davantage de sécurité intérieure. |
| *Une simple information peut me faire pleurer, je la vis comme un choc, une claque, et je me définis comme quelqu'un de très émotif…* | **Star of Bethlehem** | J'accepte et je digère l'information, je sais vivre avec ce que j'éprouve sans être accablée et anéantie. Je sais prendre sur moi, pour continuer à vivre pleinement sans que ça me gâche l'existence.  |
| *Mes pensées partent en arborescences, et j'ai l'impression de m'éparpiller, rien ne me satisfait, j'ai l'impression d'être une touche-à-tout qui n'a pas trouvé sa place dans la vie…* | **Wild Oat** | Je garde le cap sur mon cheminement personnel, j'accepte comme une richesse les détours empruntés qui mènent au bon endroit, au bon moment. |

| QUEL EST MON ÉTAT ÉMOTIONNEL ? | NOM DE LA FLEUR DE BACH | LA PROMESSE DE L'ÉQUILIBRE APRÈS LA PRISE DE LA FLEUR |
|---|---|---|
| *Mon cerveau est en suractivité, je me fais des films sur tout, j'interprète, je rumine, je ressasse, je me pose des questions…* | **White Chestnut** | Je garde la tête froide et mes pensées sont agréables, constructives, apaisées et sereines, elles me laissent en paix. |
| *Je me sens coupable d'être différente, je m'en veux et j'ai honte…* | **Pine** | Je sais reconnaître que je ne suis coupable de rien, que je fais du mieux que je peux. Je suis comme je suis, et c'est parfait comme cela. |
| *Je me laisse abuser par les autres parce que j'ai un grand cœur, je suis prête à céder par souci du bien-être de l'autre, pour ne pas le heurter, par dévouement et par gentillesse.* | **Centaury** | Je conserve mon désir de faire du bien autour de moi et de rendre les autres heureux, mais je sais poser des limites et prendre ma place en douceur et avec conviction. |
| *Je manque de confiance en moi parce que, en me comparant aux autres, je vois que je n'ai pas les bonnes compétences, je suis convaincue que je n'arriverai jamais à être performante comme la société me le demande…* | **Larch**  | Je garde confiance en qui je suis. Je reconnais tous mes potentiels. Je me lance avec la certitude de réussir, parce que j'ai toutes les ressources nécessaires et que je suis à la hauteur. |
| *Je ressens le besoin de m'échapper de cette réalité qui ne me convient pas, qui m'est étrangère, et je me réfugie dans l'imaginaire, un ailleurs qui me nourrit et me procure de l'apaisement et du bonheur. Je préfère fuir que de m'investir dans cette vie…* | **Clematis** | Je garde les pieds sur terre, je suis en capacité de créer le monde auquel j'aspire et je mets mes sources d'inspiration au service de mes besoins et de l'évolution de l'humanité. |
| *Aborder autrui me fait peur et m'inquiète beaucoup. Un sentiment d'introversion qui renforce ma timidité…* | **Mimulus** | Je suis capable de braver toutes les épreuves avec courage et audace, je sais m'exprimer et aborder l'avenir avec confiance. |
| *J'ai besoin de calme pour me recentrer, de me couper des autres pour m'isoler dans ma bulle, parce que je déteste la foule, je préfère être seule…* | **Water Violet** | J'accepte le contact des autres tout en préservant mes besoins d'autonomie et de retrait. |

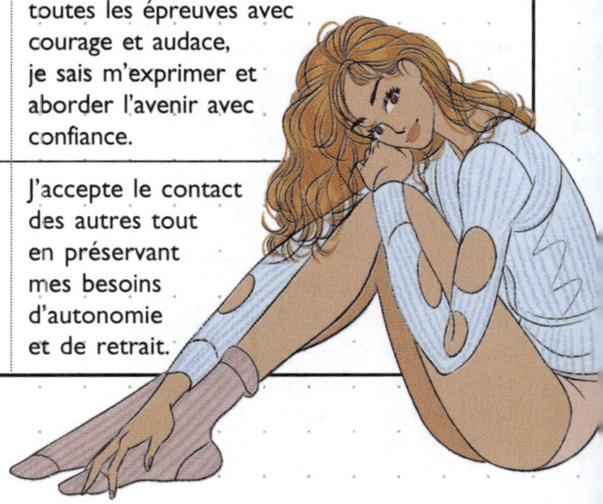

# 21 jours pour vivre en harmonie avec mon hypersensibilité

Hypersensible, ultrasensible, peu importe comment vous le définissez, pourvu que vous utilisiez ce magnifique don aussi bien qu'il le mérite. Pendant les vingt et un prochains jours, vous allez pouvoir mettre en place des rituels, tips et astuces pour vivre en pleine harmonie avec vous-même. Evidemment, vous pouvez inverser l'ordre des exercices si vous préférez. Le maître mot : faites-vous confiance et vivez fort ! Pendant la première semaine, vous allez entrer dans le flow et créer des temps de repos, tellement nécessaires pour vous permettre de prendre du recul et de faire un point sur vos besoins et sur ce qui vous fait du bien. Vous allez consacrer la deuxième semaine à vous aimer – du self-love comme s'il en pleuvait, et rien d'autre ! Dès que vous serez en phase avec vous-même, à partir de la 3e semaine, vous n'aurez plus qu'à vivre en harmonie avec cette hypersensibilité qui vous va si bien !

## Semaine 1 : je suis le flow !

### Lundi : Je fais du vide dans mon agenda

Selon la règle du 80/20, mettez 20 % de vide (ou « pauses ») dans votre agenda, et ce n'est pas négociable ! Être hypersensible, c'est supporter une stimulation permanente, absorber des tonnes d'informations, avec un cerveau qui tourne sans jamais s'arrêter, des idées à foison et la saturation cognitive qui vous pend au nez. Conséquence : fatigue jusqu'à l'épuisement, montagnes russes émotionnelles, mal-être, etc. Alors on ne fait pas l'économie du vide ! Prenez votre agenda et bloquez 20 % de votre temps tous les jours de la semaine. À faire tous les lundis matin. C'est excellent pour vous et pour ceux qui vous côtoient.

**Qu'est-ce que je fais de ce vide** ? Inutile de décider au préalable. Laissez-vous porter par l'instant. Prendre un bain, faire un dessin ou tout simplement... regarder passer le temps en appréciant ce moment de détente qui vous appartient.

## Mardi : Je crée mon cahier de gratitude

Les bienfaits de la gratitude ne sont plus à prouver : dire merci de manière consciente à tout ce qui nous nourrit et nous apporte de la joie, de la détente et améliore notre sensation d'être en phase avec notre vie active le nerf vague, qui est impliqué dans le système nerveux et la gestion du stress. Résultat : on gagne en énergie positive. C'est aussi un excellent moyen de prendre en compte tout ce qui va bien dans notre vie.

**Comment faire ?**

Consacrez-y quinze minutes par semaine au moins. Choisissez un carnet, notez-y les jolies choses que vous avez vécues pendant votre journée et pour lesquelles vous aimeriez remercier la vie. L'objectif est de penser à ces chouettes moments pour éprouver à nouveau les émotions (joie…) qui s'y rapportent.

## Mercredi : Je crée mon oasis de bien-être

Il s'agit de vous créer un petit cocon, chez vous. À sa seule évocation, vous pousserez un soupir de bonheur. Vous allez adorer cet endroit !

**Comment faire ?**

Choisissez l'endroit (ce peut être le coin d'une pièce ou une pièce complète). Installez-y des lumières douces, des photos ou des tableaux qui vous plaisent et ne vous agressent pas. Vous pourrez y écouter de la musique, vous lover sur des coussins moelleux, dans un fauteuil confortable, y placer tous les objets que vous aimez et avec lesquels vous vous sentez bien.
Désormais, dès que la saturation arrive, allez le retrouver. Prévenez : « J'ai besoin d'être seule » et venez souffler dans ce coin de paradis. L'occasion de vous reposer, d'installer une sensation d'apaisement avant de repartir dans de bonnes conditions.

## Jeudi : J'ai une discussion avec mon critique intérieur

Vous la connaissez (voir p. 32), cette petite voix qui passe son temps à vous dire des trucs désagréables : « Tu ne vas pas y arriver », « t'es trop nulle », « tu n'as pas les compétences »,

« n'importe qui y arriverait mieux que toi », « tu n'es pas assez compétente »... Aujourd'hui, faites-la changer d'avis !

**Comment faire ?**

Imaginez que vous discutez avec votre meilleure amie. Elle se critique, se juge, se sous-estime... Qu'est-ce que vous lui diriez ? Est-ce que vous la laisseriez faire ou est-ce que vous lui montreriez tout ce qu'elle y a de bien en elle ? Vous êtes votre meilleure amie, alors qu'avez-vous envie de vous dire pour faire taire cette petite voix tellement peu objective et pour faire preuve d'un maximum de bienveillance envers vous-même ?

## Vendredi : Je réalise le vision board de mes envies

Un exercice qu'on adore quand on est hypersensible ! C'est un moyen génial d'utiliser sa créativité, son intuition et son imagination et une excellente manière de mettre en place ses rêves les plus fous à court ou moyen terme.

**Comment faire ?**

Posez-vous la question : à quoi ai-je envie que ressemble ma vie ? Cherchez dans des magazines ou sur Internet ce qui pourrait illustrer ce rêve. Vous avez envie de déménager ? Découpez ou imprimez des images, des citations, des mots qui vous inspirent pour votre futur logement, l'environnement, la décoration intérieure... Prenez votre temps : vous n'êtes pas obligée de terminer le jour-même. Vous pouvez choisir des sujets très variés (votre vie pro, vos amis, vos voyages...). Ensuite, collez les images de manière harmonieuse sur un joli panneau de bois. Lorsque vous avez terminé, félicitez-vous et affichez ce magnifique tableau dans un endroit où vous passez régulièrement, afin que ce tableau de vision infuse en vous. Cela permet de programmer votre cerveau à passer à l'action et rendre réel votre rêve !

## Samedi : Je passe à l'action

C'est LA journée pour vous lancer... même si c'est flippant, même si votre critique intérieur semble chuchoter à votre oreille de ne pas y aller... Le moment est pourtant venu de faire le fameux premier pas. Rappelez-vous, l'idée n'est pas de gravir l'Everest en une journée mais d'avancer par petites étapes... Plus vous découpez vos objectifs, plus la tâche vous semblera simple, et c'est bien ça le plus important !

**Comment faire ?**

La première question à vous poser : Qu'est-ce que je veux ?

La deuxième question sera : Que faire pour atteindre mon objectif ? Est-il Smart ? (voir p. 72).
Préparez la mise en place de sa réalisation en réalisant des bubble maps (voir p. 71) : inscrivez l'objectif au centre de la bubble map et dessinez autour les idées associées avant de les structurer.

### Dimanche : Mes activités booster de flow

Plus vous êtes en état de flow, plus vous rechargez vos batteries. Vous êtes au top du plaisir, votre estime de vous remonte, c'est le bonheur absolu !

**Comment faire ?**

Vous avez fait la liste de vos activités flow (voir p. 38). C'est le moment d'en choisir une ou plusieurs et de passer à leur réalisation !

## Semaine 2 : je m'offre un max de self-love !

### Lundi : Je respire

La respiration est votre meilleure alliée, c'est indéniable ! Elle vous permet de mettre de la distance avec vos émotions, de les accueillir, de positiver. Il n'est pas question de la négliger !

**Comment faire ?**

Il suffit de cinq minutes pour respirer et se détendre profondément ! Asseyez-vous confortablement. Fermez les yeux. Posez vos pieds nus sur le sol pour bien vous ancrer à la terre. Mettez vos mains sur votre ventre et prenez une grande inspiration par le nez en gonflant le ventre. Votre ventre doit pousser vos mains. Puis expirez par le nez en rentrant le ventre. Imaginez que votre nombril doit toucher votre colonne vertébrale. Imaginez que vous inspirez la bonne humeur, la joie de vivre et que vous expirez le stress. Reproduisez l'exercice autant de fois que nécessaire. À votre rythme, ouvrez les yeux et reprenez le cours de votre journée.

### Mardi : Je crée ma dream team

Créez votre dream team pour les jours de bad mood, l'équipe des personnes ressources de votre entourage capables de vous épauler, de vous donner des good vibes… et réciproquement !

Il peut s'agir de deux ou trois amies proches, de personnes de votre famille qui sont toujours motivantes. Celles qui vous donnent la pêche quand vous en avez besoin, qui savent voir vos qualités et vos talents et les nommer clairement. Au-delà de ça, votre team peut aussi compter des personnes que vous écoutez et que vous croyez, celles qui vous mettent des paillettes dans les yeux et du baume au cœur, avec qui vous partagez des bons moments et qui vous donnent l'impression que vous pouvez déplacer des montagnes.

**Comment faire ?**

Organisez un moment privilégié avec chacun d'entre eux individuellement (un déj', une soirée…) et profitez de cette occasion pour leur dire à quel point ils vous sont précieux et pour leur exprimer toute votre gratitude. Vous pouvez leur révéler que vous les considérez comme votre dream team à appeler en cas de coup dur.

## Mercredi : La posture du bébé heureux

C'est un exercice de yoga idéal pour se détendre et se chouchouter. Il vous aidera également à réduire la fatigue, à relaxer votre esprit et à vous sentir parfaitement zen. Vous installer dans cette posture va vous permettre à la fois de ralentir votre rythme et de vous recentrer en mettant à distance les pensées multiples et la sensation d'éparpillement.

**Comment faire ?**

Allongez-vous sur le dos en inspirant. Ramenez vos jambes collées vers votre poitrine. Ouvrez les genoux en gardant les pieds collés. Tenez vos pieds avec vos mains et balancez-vous de gauche à droite, puis de droite à gauche pendant 5 respirations complètes.

## Jeudi : Je déconnecte sans culpabiliser

Du silence, du silence et encore du silence ! Vous l'avez compris, seule dans cette bulle avec vous-même, vous pourrez récupérer pour repartir rechargée d'énergie. Se couper du monde n'a rien d'égoïste ! Dans votre cas, c'est salvateur. Car pour être bien avec les autres, pour être une amie attentive, une chérie à l'écoute, vous avez besoin de prendre soin de vous.

**Comment faire ?**

Prenez quinze minutes dans votre oasis de bien-être (voir p. 82). Éteignez votre téléphone, instaurez le calme. Une fois bien installée et détendue, prenez une grande inspiration et fermez les yeux. Saisissez votre plus joli carnet et un stylo et écrivez ce qui vous passe par la tête sans vous occuper de la longueur ou de la tournure des phrases. Notez seulement des mots-clés si faire des phrases vous semble compliqué. Décrivez vos émotions, tout ce qui vous tracasse et vous stresse. Quel premier pas pourriez-vous faire vers une vie sans ces fardeaux et ce stress ? Notez vos ressentis corporels au fur et à mesure du déroulement de l'exercice : un sentiment de détente ? moins d'oppression ? l'impression d'être plus légère ? Accordez-vous cette parenthèse chaque jour et observez comment vous évoluez vers un mieux-être.

### Vendredi : Je nourris ma sensibilité

Nourrir votre sensibilité, c'est trouver des sources d'inspiration, faire des découvertes, avoir des idées et relever de nouveaux défis.

**Comment faire ?**

Filez voir une expo ou une pièce de théâtre, un spectacle de danse ou un film !
Participez à une formation, un stage ou un MOOC qui vous attire.
Osez sortir de votre zone de confort, laissez-vous inspirer et notez les idées nouvelles et vos prochaines envies à réaliser.

### Samedi : Je danse !

Dansez sans vous poser de question, bougez, chantez à tue-tête et lâchez prise !

**Comment faire ?**

Dansez pendant quatre minutes, le temps de votre chanson préférée ! Exprimez-vous sans crainte d'être jugée, sans envie d'être parfaite. Il n'y a rien à réussir, il s'agit juste de vous faire plaisir. Servez-vous de votre hypersensibilité comme source d'inspiration pour inventer une chorégraphie ou laissez-vous porter par la musique. Prenez conscience de toutes les émotions qui vous traversent, de ce sentiment de joie et de bien-être. Vous êtes peut-être tellement émue que les larmes coulent, et c'est génial. Amusez-vous à changer le style de musique et remarquez ce que cela modifie dans vos mouvements, dans vos ressentis, dans vos émotions. Donnez-vous la power patate !

### Dimanche : J'apaise mes sens

C'est par eux que le monde extérieur vous parvient. Vous savez maintenant qu'ils sont énormément sollicités et que cela peut vous conduire plus ou moins vite à la saturation cognitive. Il est temps de ralentir le rythme et d'utiliser vos sens avec plus de lenteur, d'attention et de douceur !

**Comment faire ?**

- Pour l'ouïe : écoutez une musique douce ou des bruits blancs, ces bruits composés de toutes les fréquences. Par exemple, le murmure de l'eau d'une rivière.

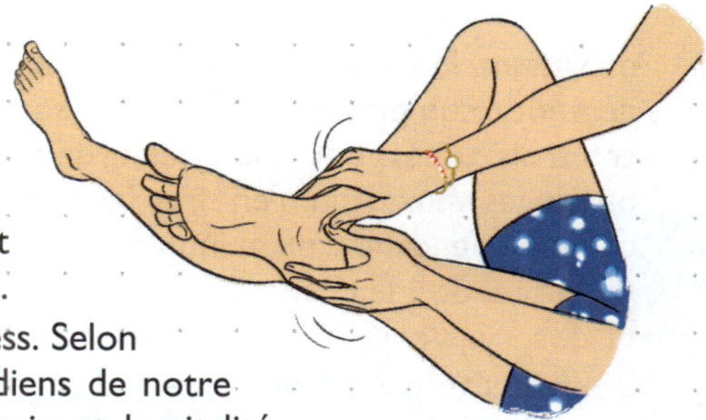

- Pour la vue : éteignez vos écrans. Installez-vous confortablement sur une chaise et regardez devant vous. Puis dirigez votre regard vers le ciel puis vers le sol sans bouger la tête. Ensuite, regardez à droite et à gauche, tout en gardant la tête fixe. Répétez l'exercice une dizaine de fois.
- Pour le toucher : pratiquez un automassage antistress. Selon la médecine traditionnelle chinoise, tous les méridiens de notre corps (des circuits énergétiques distribuant l'énergie et la vitalité dans nos membres et nos organes) ont des correspondances dans les pieds. Notre corps entier peut donc être stimulé par des points situés sur nos pieds ! Commencez par frotter énergiquement votre voûte plantaire pour la réchauffer. Puis massez-en le creux avec le pouce en faisant de petits cercles dans le sens des aiguilles d'une montre. Remarquez la détente qui s'installe dans le pied puis dans tout le corps, progressivement. Enfin, attrapez votre gros orteil et faites-le tourner pour stimuler doucement son articulation. Reproduisez ce geste sur les 4 autres orteils. Sentez comme c'est agréable, lorsque les orteils se relâchent ! Refaites l'exercice avec l'autre pied et notez les éventuelles différences de perception.

- Pour l'odorat : diffusez des huiles essentielles aux vertus apaisantes et relaxantes, par exemple, de l'huile essentielle de lavande (*Lavandula angustifolia*). Elle s'utilise essentiellement en inhalation : versez 2 à 4 gouttes dans un diffuseur ou dans un bol d'eau chaude et respirez-en les effluves progressivement.

## Semaine 3 : je suis en paix avec mon hypersensibilité !

### Lundi : Ma séance « zéro tension »

Voici un exercice qui va vous permettre tout à la fois de faire baisser la pression et de vous aider à réguler vos émotions. Basé sur la méditation de pleine conscience, il est extrêmement facile à réaliser ! Plus vous vous entraînerez et plus vous pourrez constater ses effets sur votre humeur, vos émotions et votre bien-être en général.

**Comment faire ?**

Installez-vous sur une chaise. Vous pouvez fermer les yeux pour rester concentrée. Prenez une grande inspiration par le nez puis expirez longuement par la bouche comme si vous souffliez dans une paille. Vous maintiendrez cette respiration pendant tout l'exercice. Puis imaginez que votre dos se relâche complètement, que vous y faites disparaître toutes les tensions. Ensuite détendez la nuque et les épaules au maximum. Enfin portez votre attention sur le ventre et, pour lui aussi, imaginez que vous le détendez complètement. Faites-en sorte de bien maintenir la concentration uniquement sur ces trois zones. Lorsque vous avez la sensation qu'elles sont bien détendues, vous pouvez ouvrir les yeux. Afin d'en tirer les meilleurs bénéfices, pratiquez cet exercice au moins 2 fois par jour pendant trois minutes.

## Mardi : J'honore l'enfant que j'étais

L'enfant s'autorise à oser, à être sensible, vivant, joueur. L'enfant ne se pose pas de question sur ce qu'il devrait être, il est tout simplement LUI-MÊME. Aujourd'hui, c'est votre mission !

**Comment faire ?**

C'est tellement important de se poser cette question : est-ce que, au quotidien, j'honore l'enfant que j'étais ? Vous autoriser simplement à être telle que vous êtes. Si l'exercice vous paraît compliqué, vous pouvez commencer par mettre sur votre bureau ou dans un endroit que vous aimez une photo de vous quand vous étiez enfant. Parlez à cette enfant sur la photo. Écoutez son message. En vous inspirant d'elle, laissez-vous aller à la spontanéité et remarquez comme c'est plaisant de ne pas se poser de questions. Plus vous ferez cet exercice, plus vous solliciterez votre imaginaire et plus facilement viendront de nouvelles idées.

## Mercredi : Je développe mon intuition

Elle est là, elle est à vous, et c'est un merveilleux outil dans tous les domaines de votre vie. C'est cette petite voix qui sait et qui vous guide. L'exercice du jour consiste à l'écouter sans la remettre en question.

**Comment faire ?**

Écoutez toute la journée les messages qu'elle vous envoie. N'écoutez pas vos doutes ou vos résistances. Concentrez-vous uniquement sur votre ressenti. Quel est-il actuellement ? Est-ce positif ? Inconfortable ? Agréable ? Désagréable ? Aiguisez vos sensations. Vous pouvez écrire ce que vous ressentez mais aussi les décisions prises, guidées par votre petite voix. Par exemple, que vous souffle votre intuition pour sortir de l'inconfort ou pour changer une habitude qui ne vous convient plus ? Apprivoisez-la progressivement. Plus vous vous entraînerez, plus vous réaliserez à quel point elle est fiable et efficace. Progressivement cette intelligence deviendra votre meilleure alliée.

## Jeudi : La salutation au soleil, ma séance de yoga vitalité

La salutation au soleil a des bienfaits incomparables : les postures vont vous permettre de libérer un max d'énergie en réduisant les effets désagréables du stress et vous donner un coup de boost pour démarrer la journée !

**Comment faire ?** L'idéal est de pratiquer cet enchaînement le matin au réveil pour se mettre dans une bonne énergie pour la journée. Si vous avez le temps, vous pouvez l'enchaîner 4 ou 5 fois à la suite. Si ce n'est pas le cas, faites-le une seule fois mais soyez régulière ! Si une séance matinale est impossible pour vous, ne vous mettez pas la pression et tentez en fin de journée. Pour que ce soit agréable, il est recommandé de pratiquer cet enchaînement le ventre vide.

## Vendredi : J'éprouve de la gratitude pour mes imperfections

La recherche de perfection est vaine et fatigante. Cessez de considérer vos imperfections comme quelque chose de négatif, il est temps de les apprécier et de les remercier. Vous ne faites pas la taille que vous voulez, vous trouvez que le bourrelet sur votre taille n'est pas joli ? Plus vous en rajoutez et plus vous diminuez votre capacité à vous sentir en paix avec vous-même. Il s'agit de vous aimer comme vous êtes pour vous sentir apaisée et avoir confiance en votre richesse intérieure et en vos valeurs.

**Comment faire ?**

Faites une liste de ces petites choses que vous trouvez imparfaites : un bourrelet sur votre ventre qui vous déplaît, vos cheveux que vous aimeriez plus raides ou plus frisés, votre voix que vous trouvez trop aigüe, votre rire que vous estimez trop bruyant… Puis écrivez-leur une liste de gratitude. Remerciez chacune des caractéristiques qui vous permettent d'être exactement celle que vous êtes. Félicitez-vous et, si vous doutez encore, répétez-vous ce mantra : « Je suis unique au monde, ça fait de moi quelqu'un d'exceptionnel ! » Réalisez cela n'est-il pas magique ?

## Samedi : Je dis bye-bye à mon perfectionnisme

Exit les to-do lists, acceptez que tout ne soit pas sous contrôle tout le temps. Laissez de la place à l'improvisation, aux imprévus et aux cadeaux de la vie !

**Comment faire ?**

Prévoyez un samedi sans programme ! Faites toutes vos activités à l'instinct, à la dernière minute, selon les envies du moment. Engagez-vous à passer une bonne journée. Acceptez de laisser la place à l'inconnu, à l'imprévisible, et écoutez ce que votre intuition vous propose.
À la fin de la journée, notez comment vous vous sentez. Et soyez prête à retenter l'aventure régulièrement.

## Dimanche : Ma méditation « Padma mudra » pour déployer mon hypersensibilité à partir du cœur

Les études scientifiques ont prouvé les effets de la méditation et de la visualisation. Alors que la méditation permet de ramener le calme et de diminuer le stress, la visualisation favorise quant à elle un accès immédiat à un état souhaité (plénitude, bien-être). Autrement dit, elle nous permet de nous sentir bien uniquement en visualisant un état de bien-être. L'exercice de méditation suivant utilise la visualisation d'une fleur de lotus radiante et lumineuse.

*Padma*, signifie « lotus » en sanskrit. *Mudra*, quant à lui, signifie « position » ou « rituel ». La fleur de lotus apparaît dans la vase. Elle s'enracine dans une eau boueuse. C'est la lumière, le soleil, qui lui permet de croître et à sa fleur délicate de se guider hors de l'eau pour s'épanouir au grand jour. La symbolique est magnifique. Nous aussi, nous traversons parfois des moments sombres, mais nous pouvons nous laisser guider par notre lumière intérieure afin de déployer le meilleur de nous-même, notre fleur de lotus personnelle. En vous exerçant à padma mudra, vous allez pouvoir visualiser ce déploiement de vous-même vers la lumière et sentir l'amour grandir dans votre cœur. Pour vous sentir pleinement vous et laisser votre hypersensibilité se déployer !

**Comment faire ?**

Placez les mains en prière contre votre cœur. Gardez les pouces et les auriculaires en contact, ouvrez les autres doigts vers le ciel, comme une belle fleur de lotus ! Imaginez que cette fleur de lotus répand une lumière radiante et généreuse qui part de votre cœur et se déploie dans tout votre corps. Inspirez profondément et, à l'expiration, prononcez : « Je laisse se déployer le meilleur de moi-même et de mon hypersensibilité depuis mon cœur. » Répétez votre mantra autant de fois que vous en avez envie. Vous sentez-vous en paix et en sécurité ? Observez tout simplement les sensations en vous et dans votre cœur.

# Carnet d'adresses

## Les sites de l'auteur

- Site web : www.ludivine-casilli.com
- Facebook : www.facebook.com/ludivinecasilli
- Instagram : ludivine_casilli

## Quelques sites de référence sur l'hypersensibilité

- L'Observatoire de la sensibilité : https://lasensibilite.com
- Le site d'Elaine Aron : www.hsperson.fr
- Nathalie Auzeméry : https://www.gueristoitoimaime.com
- Patrick Lazic : http://www.patricklazic.com

# Bibliographie


*Hypersensibles, Mieux se comprendre pour mieux s'accepter*, Elaine N. Aron, éditions Marabout, 2019.

*Hypersensibles, Trop sensibles pour être heureux ?*, Saverio Tomasella, éditions Eyrolles, 2017.

*Vive les zatypiques !*, Audrey Akoun & Isabelle Pailleau, Leduc éditions, 2017.

*Fort comme un hypersensible*, Maurice Barthélémy & Charlotte Wils, Michel Lafon, 2021.

*Bloum*, Florence Servan- Schreiber, éditions Marabout, 2020.

*Mon carnet de 38 fleurs de Bach*, Nathalie Auzeméry, éditions Dangles, 2018.

**Remerciements**

Merci à Juliette Collonge pour ses talents de coach, sa bienveillance, sa gentillesse et tellement plus encore, sa capacité à structurer... que je lui jalouse secrètement.

Merci aux éditions Solar pour cette expérience magique et déroutante, si souvent hors zone de confort.

Merci Vava, ma Vava, à toutes les « page une » qu'on a écrites... avant ! Tu m'as tellement appris que je suis prête pour le suivant ! En ton nom, je remercie la « saturation cognitive », tellement flexible et adaptable !

Merci à ma jolie Marie, qui a été la première à faire le test, la « lectrice zéro » en quelque sorte mais 10 000 en terme d'hypersensibilité ! Surtout ne change rien !

Un merci tout spécial à Adeline, preuve s'il en fallait encore qu'il n'y a pas de hasard, et à Nathalie pour sa disponibilité et son partage fabuleux sur les Fleurs de Bach.

Une immense gratitude aux belles âmes qui m'accompagnent ici-bas et au-delà : Audrey Akoun, Anne Cazaubon, Sophie Cadalen, ma maman, Géraldine et tellement d'autres encore... toutes ces femmes qui m'inspirent, qui ont la force et le courage de se battre pour leurs idéaux, celles qui réalisent leurs rêves, quoi qu'il en coûte !

Merci à toutes les personnes que j'accompagne, les hypersensibles et les autres, c'est grâce à vous que je peux être une professionnelle à l'écoute.

Et puis merci à Toi : du fond de tes yeux bleus, tu colores mon monde. À ton ancrage inaltérable qui soutient mes idées les plus dingues, à ton supplément d'âme… Merci d'y croire, parfois plus que moi !

À nos confinements et à nos étés « extra ordinaires » aux cœur des Hautes-Alpes, à tous ces moments qui nous ont menés jusque-là.

Parce que c'est ici que j'ai fini cet ouvrage. Merci la vie ! *Adelante !*

MON CAHIER MINCEUR
MON CAHIER MINCEUR
MON CAHIER MINCEUR
MON CAHIER MA GROSSESSE ET MOI
MON CAHIER MON BÉBÉ ET MOI
MON CAHIER VENTRE PLAT
MON CAHIER VENTRE PLAT
MON CAHIER LA DRAGUE ET MOI
MON CAHIER LE SEXE ET MOI
MON CAHIER 100% ANTI-ÂGE
MON CAHIER DÉTOX
MON CAHIER YOGA
MON CAHIER RUNNING
MON CAHIER ABDOS-FESSIERS
MON CAHIER VEGGIE
MON CAHIER MON DRESSING IDÉAL
MON CAHIER BRÛLE-GRAISSE
MON CAHIER PENSÉE POSITIVE
MON CAHIER ANTI-STRESS
MON CAHIER FORME ET MINCEUR APRÈS BÉBÉ
MON CAHIER RÉGIME PALÉO
MON CAHIER PILATES
MON CAHIER BEAUTÉ
MON CAHIER DIGITAL DÉTOX
MON CAHIER STOP AU SUCRE
MON CAHIER SANS GLUTEN
MON CAHIER FITNESS
MON CAHIER MINCIR AVEC LA MÉDECINE CHINOISE
MON CAHIER YOGA DÉTOX
MON CAHIER AQUAFITNESS
MON CAHIER BEACH BODY
MON CAHIER GREEN DÉTOX
MON CAHIER BODY TRAINING
MON CAHIER RÉGIME TOUT CRU
MON CAHIER MÉDITATION
MON CAHIER HUILES ESSENTIELLES
MON CAHIER BOXE TRAINING
MON CAHIER MON CHAT & MOI
MON CAHIER RANGEMENT FEEL GOOD
MON CAHIER TRAIL RUNNING
MON CAHIER YOGA MÉDITATION
MON CAHIER SOFT FITNESS
MON CAHIER BODY MINCEUR
MON CAHIER HAIR BEAUTY
MON CAHIER JOLIE PEAU
MON CAHIER FITNESS FOOD
MON CAHIER DANSE PILATES
MON CAHIER HYGGE HAPPY THÉRAPIE
MON CAHIER YOGA SCULPT
MON CAHIER TATOUAGE
MON CAHIER YOGA FLOW
MON CAHIER OBSTACLE TRAINING
MON CAHIER PERFECT TIMING
MON CAHIER SUPER ORGANISÉE
MON CAHIER MON BULLET AGENDA
MON CAHIER BULLET AGENDA
MON CAHIER MINCEUR HEALTHY
MON CAHIER MINCEUR ZÉRO SUCRE
MON CAHIER STOP SMOKING
MON CAHIER AYURVEDA
MON CAHIER VÉLO TRAINING
MON CAHIER DÉFI VOYAGE SOLO
MON CAHIER HIIT
MON CAHIER CRISTAL POWER

Mon Cahier Macadamtraining
Mon Cahier Objectif minceur en 12 semaines printemps-été
Mon Cahier Mes 100 modèles bullet agenda
Mon Cahier Bain de forêt
Mon Cahier Attitude body positive
Mon Cahier Pilates intensif
Mon Cahier Pilates booty
Mon Cahier Rituel power
Mon Cahier Lune
Mon Cahier Massage
Mon Cahier Ikigai
Mon Cahier Objectif minceur en 12 semaines automne-hiver
Mon Cahier Mariage
Mon Cahier Green power
Mon Cahier Sophro
Mon Cahier Objectif en 12 semaines
Mon Cahier Pilates minceur
Mon Cahier Gainage
Mon Cahier Zéro déchet
Mon Cahier Tarot
Mon Cahier Objectif bikini en 12 semaines
Mon Cahier Fit & green
Mon Cahier Cardio-pilates
Mon Cahier Huiles essentielles au féminin
Mon Cahier Good vibes
Mon Cahier Objectif budget en 12 semaines
Mon Cahier Objectif training en 12 semaines
Mon Cahier Objectif zéro gras en 12 semaines
Mon Cahier Féminin sacré
Mon Cahier Cocooning avec les plantes
Mon Cahier Yoga féminin
Mon Cahier Mes rituels yoga
Mon Cahier Objectif body challenge en 12 semaines
Mon Cahier Body sculpt
Mon Cahier Astro
Mon Cahier Yoga du ventre
Mon Cahier Kundalini yoga
Mon Cahier Zéro gras
Mon Cahier Happy feelings
Mon Cahier Strong yoga
Mon Cahier 2021
Mon Cahier HIIT yoga
Mon Cahier Intuition
Mon Cahier Happy at work
Mon Cahier Abdos sculpt
Mon Cahier Yoga minceur
Mon Cahier Pilates détox
Mon Cahier Méditation avec le son
Mon Cahier Glow
Mon Cahier Chamane
Mon Cahier Sexo
Mon Agenda 2022
Mon Cahier Yin yoga
Mon Cahier Sérénité
Mon Cahier Ventre heureux
Mon Cahier Chakras
Mon Cahier Power attitude
Mon Cahier 2022

**LES BEAUTIFUL GIRLS,**
**C'EST TOUTE UNE COMMUNAUTÉ !**
Retrouvez plein de bonus, de conseils feel good,
des recettes, des trainings,
et des actus tendance **MADE BY MON CAHIER !**

Un lieu rien que pour vous :
http://mylifeisbeautiful.fr/

Une communauté de filles stylées :
**VOUS DÉCHIREZ**
mylifeisbeautiful.fr mylifeisbeautiful.fr

**Direction :** Jean-Louis Hocq
**Direction éditoriale :** Marion Guillemet-Bigeard
**Directrice de collection :** Juliette Collonge
**Édition :** Gwladys Greusard
**Correction :** Sandrine Salvert
**Conception et mise en couleur de la couverture :** Stéphanie Brepson
**Rabats :** Sophie Delannoy
**Mise en pages :** Nord Compo
**Fabrication :** Laurence Duboscq



ISBN : 978-2-263-17647-0
Code éditeur : L17647-03
Dépôt légal : janvier 2022

Imprimé en France par Clerc
94, rue de la Brasserie, 18200 Saint-Amand-Montrond

Solar, un département d'édi8
92, avenue de France
75013 Paris